婚恋必修课

MARRY & LOVE

爱你幸运，懂你幸福

孟伟 著

HUNLIAN BIXIU KE

AI NI XINGYUN DONG NI XINGFU

江西人民出版社

Jiangxi People's Publishing House

全国百佳出版社

图书在版编目（ＣＩＰ）数据

婚恋必修课：爱你幸运，懂你幸福/孟伟著.—南昌：江西人民出版社，2018.12
ISBN 978-7-210-10957-0

Ⅰ.①婚… Ⅱ.①孟… Ⅲ.①婚姻－通俗读物②恋爱－通俗读物
Ⅳ.①C913.1-49

中国版本图书馆CIP数据核字(2018)第260831号

婚恋必修课：爱你幸运，懂你幸福

孟伟 著

策划编辑：袁 卫 童晓英
责任编辑：吴丽红 常 笑
文字编辑：常 笑
装帧设计：罗俊南 杨思慧
出 版：江西人民出版社
发 行：各地新华书店
地 址：江西省南昌市三经路47号附1号
编辑部电话：0791-86898873
发行部电话：0791-86898815
邮政编码：330006
网 址：www.jxpph.com
E-mail：jxpph@tom.com web@jxpph.com
2018年12月第1版 2018年12月第1次印刷
开 本：710mm×960mm 1/16
印 张：14.5
字 数：187千
ISBN 978-7-210-10957-0
定 价：39.80元
承 印 厂：长沙鸿发印务实业有限公司
赣版权登字—01—2018—895
版权所有 侵权必究
赣人版图书凡属印制、装订错误，请随时向承印厂调换

目 录 ▼

目 录

目　录

目 录 ▼

第七章：幸福背后的秘密

第八章：相信幸福，走进幸福

序 言

　　幸福的婚姻都是琴瑟和谐，彼此信任，相互支持……不幸的婚姻却有千万种不幸的状况。

　　当我们爱一个人的时候，总是横生羁绊；当我们期待在婚姻中获得重生和幸福时，又往往事与愿违。

　　我们梦想中的爱情是举案齐眉、白头偕老，但当我们真正走入婚姻时，才知道如不用心经营，婚姻本身并不能让寂寞消失。

　　当我们向伴侣敞开心扉，如果得到的是对方的冷漠，甚至是讥讽、嘲笑，那么，我们就会逐渐向对方关闭心门，彼此的心也会渐行渐远……

　　钱锺书先生曾在《围城》里写道："婚姻是一座围城，城外的人想进来，城内的人想出去。"当夫妻间昔日的浪漫激情开始消逝，当生活变成了柴米油盐的琐碎与平淡，当曾经轰轰烈烈的爱情变成亲情，当夫妻间因误会摩擦渐行渐远，慢慢成了最熟悉的陌生人，你是不是会对婚姻感到失望和沮丧？有人说"相爱只要短短一瞬间，相处却要耗尽　生耐心"，难道婚姻真的是埋葬爱情的坟墓？这似乎已成为很多现代人对婚姻的疑惑与焦虑所在。

　　同时近年来有数据显示：单亲家庭、无子女家庭、同居不婚的家庭数量上升，有一些年轻人开始选择不婚或单身，这背后多少也折射出现代人对婚姻依赖度和信赖度的降低，甚至不少人表示："不结婚比结婚好，如果结婚后幸福感大大降低，还不如不婚。"确实，随着社会物质文明飞速发展，离婚率也节节攀升，各种婚姻问题层出不穷，提升中国婚姻关系的质量、提高人们在婚姻"城堡"里的幸福感成为整个社会的当务之急。

作为两性关系幸福学问的传播者，作为家庭教育的坚定践行者，为了帮助更多的人真正收获家庭的幸福，为了帮助更多濒临破碎的婚姻重拾往昔的美好，笔者在对近千例婚姻问题案例分析的基础上，将自己二十余年的婚姻学、心理学、两性关系学理论研究与实践经验融为一体，写下《婚姻必修课：爱你幸运，懂你幸福》一书，愿本书能让所有在婚姻中感到困惑的人们，懂得如何去守护婚姻，去收获自己真正的幸福！

全书以"爱"为源头，以"懂"为核心，以"幸福"为终极目标。笔者认为，婚姻状况是每个人内心的投射。在婚姻问题里，最需要的，不是一味向对方表达爱与被爱，而是懂——懂对方，就是和对方高度共情。所以，婚姻里，最重要的是"我懂你"。学会懂一个人，是一种能力，是婚姻必修课！

本书共分为"爱的轮回""婚姻里最重要的功课""现代婚姻之'五把刀'""七年之痒""分离与界限""完美关系的秘密""幸福背后的秘密""相信幸福，走进幸福"八大篇章，紧扣当下中国婚姻、家庭的现状和问题，以此告诉读者如何去看清现代婚姻危机的问题和本质，如何去解决爱情与婚姻当中的难题，如何真正度过"七年之痒"，如何在婚姻中迎来真爱与幸福……当你读完全书，你会发现——你懂得了爱的真谛，懂得了对方的爱与痛，懂得了他的一言一行，懂得了原生家庭的所有秘密，更踏上了寻找真挚永恒的幸福婚姻之路，踏上了寻找自我的灵魂之旅！

最为重要的是：婚恋幸福的终极秘诀其实只有一个字——懂！懂得

爱，珍惜爱，是我们恋爱与婚姻的必修课，也是我们人生的必修课！

因为懂得，所以慈悲；

因为懂得，所以接纳；

因为懂得，所以幸福；

因为懂得，所以爱得更好。

幸福的开关其实就在自己手上！愿您与此书一起，开启一次婚姻涅槃与重生之旅，也收获一次生命的真正成长！愿读完此书，爱你的人更爱你，你爱的人更懂你！愿每个人都拥有幸福美满的人生！

孟伟

2018年8月

第一章

\\ 爱的轮回 \\

在亲密关系里，童年经历多是幸福的人，就会用爱来点缀生活，而童年经历多是不幸的人，就会产生怨恨。

——题记

1.开启亲密关系的幸福之匙

毕淑敏曾写过一段很有深意的话：

"人生所有的问题，都是关系的问题。在所有的关系之中，你和你自己的关系最为重要，它是关系的总脐带。如果你处理不好和自我的关系，你的一生就不得安宁和幸福。

你可以成功，但没有快乐。

你可以有家庭，但缺乏温暖。

你可以有孩子，但和他难以交流。

你可以姹紫嫣红宾朋满座，但不曾有高山流水患难之交。"

茫茫宇宙，天地之间，正因为有了"我"的存在，世界才有了意义。而正因为有"我"与万事万物的交集，才催生了形形色色的关系。人的一生都活在"关系"之中，人生所有的问题，都是关系的问题。而在诸多关系中，影响人一生最重要的关系就是亲密关系。

所谓亲密关系，并不仅是男女的恋爱关系。只要两个人亲密到一定的程度，相互打开自我，展示给对方，与对方有了深深浅浅的共鸣融合，那么，他们之间就有了亲密关系。这种关系，可以在家人、朋友、同学、同事之间产生。当然，亲密关系中张力最强、最醉人也是最折磨人的，就是男女之爱。

如果你在一段恋情里感受不到快乐与温暖，而是觉得伤痕累累与疲惫不堪，那么请一定记得停下来，好好地想一想：让你受伤的，到底是什么？你潜意识里理想的他到底存不存在？一个拥有让自己持续幸福能力的人，他一定能从自己内心深处，甚至是从生命成长的印记里，去寻找爱的真正答案。

哈佛大学曾经花了七十六年的时间来做一项研究，研究的结果是："亲密关系"这一项的得分对个人收入有很大影响，得分最高的一批人平均年薪达到24.3万美元，得分最低的一批人平均年薪却不到10.2万美元。具体来说，与母亲的亲密关系，可以让一个人一年多拥有8.7万美元收入；跟兄弟姐妹的亲密关系，可以让一个人一年的平均工资增加5.1万美元。如果你能得到真爱——不仅限于爱情，还包括亲情和友情，且幸运地在30岁之前就得到，那么恭喜你，你的"人生繁盛"的可能性会比常人大许多。

一帆风顺、事事如意的人生只存在于人们的希冀中，在现实生活中，我们总会遇到各种困境，遭遇到种种意想不到的挫折。面对人生的逆境，不同的人会表露不同的心态，采取不同的方式，有的人选择乐观地战胜困难，有的人则会向现实妥协。

　　而根据哈佛大学的研究，应对逆境的方式与人和人之间的爱、温暖及亲密关系有着密不可分的联系。大致来说，接近疯狂的猜疑恐惧是最坏的应对方式，消极易怒、不够成熟的态度次之，再就是压抑和情感抽离的神经质，而最好的应该是以无私、幽默和升华为主要表现的成熟健康的应对方式。

　　一个缺少爱的人，在面对挫折时，更容易沮丧绝望，陷入自怨自艾中，他们常采用如酗酒、抽烟等非常不健康的方式去给自己疗伤。一个拥有真爱的人，在陷入同样的境地时，则会选择那些健康积极的处理方式，如和自己开开玩笑，找身边朋友宣泄一番，运动一下出出汗，认真聆听来自家人的鼓励等，其结果自然比前者好得多。

　　心理学者邓康曾在网站上发表过一篇名为《亲密关系之谜》的文章，对亲密关系有过这样的描述："亲密关系是每一个人关注的焦点，从精神分析学和依恋理论的角度来看，我们的依恋模式和亲密关系风格，往往来源于早年养育环境的内化，母亲作为孩子接触到的第一个他者，母婴关系模式成为成人亲密关系和依恋模式，甚至是人格的地基。

　　在孩子的成长历程中，婴儿的哭喊既有希望养育者比如母亲给予其躯体满足的需要，也是一种呼唤无条件爱的要求，但是任何一个母亲都不可能完全满足孩子对无条件爱的要求，总有一些是没有得到满足的，总有剩余出现，这个剩余就会产生欲望，孩子会在往后的人生中不断去追寻这个曾经失落的，以一种欲望的形式构建主体的生成。每一个人的成长都需要经历这样的过程，这也是我们作为人存在的根本局限，我们总是以一种缺失登陆到世界中来。所以，当一个孩子有爱的要求出来，如果他不能得到很好的看见和回应，他就会退缩，针对自体也即是自身驱力投注，以一种自恋式的固着构建自身，同时，也会去追逐之前未能满足的欲望，这是我们的亲密关系的模型。"

回到我们的现实生活，确实如此。比如，有些孩子从小就需要小心提防、照顾父母的情绪，需要安慰父母，做家庭"火力战场"的调和者，这样的孩子在外人看来是十足的"好孩子"，但这些孩子的"好"是隐藏着很大的愤怒的。没有从父母身上得到感情上的安全感，那么当他成年之后跟恋人走入亲密关系时，他们会采用撒娇、指责、抱怨等或明或暗的方式去向对方索取关爱，以此填补自己昔日的缺失。

另一种情况是，有一类人，他们会尽力回避亲密关系。这可能是由于早年母亲对待他的方式令他非常焦虑。在他的情感体验当中，母亲是带有侵占性的、无界限的、焦虑的、情绪无法控制的。这些对母亲的负面感受，都会让他觉得，亲密关系是不安全的，是会让自己受到伤害或被抛弃的。

跟逃避亲密关系相反，一些不断寻求爱情甚至婚外情的人，他们的强迫性重复可能源于十分强烈的压抑，他们压抑自己的失望、愤怒、悲伤……这些被压抑的情绪需要一个出口，而他们在强迫性的受虐体验和寻求激情中找到了这样一个出口，他们在痛苦中获得宣泄与快感，借助快感释放被压抑的情绪。这样的行为在心理学上是有依据的，即如果在生活中难以体验到愤怒与悲伤等情绪，没有与自我感觉进行连接，那只能通过灾难的强迫性重复获得刺激性的受虐来唤醒自我存在感。所以，很多时候在亲密关系里，我们要的其实是成为别人所承认的个体。也就是说，我们希望获得对方的认可和对方的爱，我们的请求是一种需要感觉被爱的请求，如果感觉不到被肯定、被爱，我们就会退回自身，转而攻击自己、朋友、伴侣或爱人。

就这样，很多人在糟糕或者遗憾的亲子关系的基础上走进了婚姻，从而造成了痛苦的夫妻或家庭关系；走进了事业，造成了失败的同事或朋友关系……生命好像进入了某种轮回，原生家庭亲密关系的相处模式再一次重演。

在亲密关系中，无论是自己还是对方，都有让我们感觉好的一面，也有让我们感觉不好的一面。许多人只能接受伴侣好的一面，而对对方坏的一面接受不良。由此，最开始甜蜜幸福的亲密之旅，逐渐进入彼此伤害的黯淡时期，直至最后，进入恨自己当初"有眼无珠"的痛苦阶段。

亲密关系中的另一方，有时令我们快乐，有时令我们愤怒。如果我们懂得了感恩与理解，那么自然对自己和对方便会有更多体谅之心。当自我慢慢成熟起来，经营亲密关系的能力便随之增强了。

事实上，任何人至少都会经历两次"诞生"，第一次是从母腹出生的时候，有了妈妈，有了母子连接，原生家庭的关系奠定了一个人人生关系的基础。第二次诞生是恋爱，和另外一个人建立伴侣或夫妻关系。第二次诞生是我们一生中能自主选择的亲密关系，而亲子关系中的缺失，也可以经由这一次亲密关系的连接得到弥补。

当然，如果只从亲密度来看，亲子关系肯定还要胜过恋爱关系，因为亲子关系是自然生命的延续，是人类本能的繁衍需求，所以，无论父母是好是坏，我们都只能接受。

而恋爱不同，我们可以自主地选择恋爱对象，我们的人生也因为这种自由选择而有了更多的意义。但是这种选择有些特殊，虽然我们不会以治疗童年伤痛作为恋爱的目的，却会在不知不觉中把恋爱看作对童年缺憾的弥补。一个典型的表现就是，我们的恋人往往和自己理想中的父母形象很接近，在现实中我们无法选择父母，所以总有各种各样的不满和遗憾，这样自然而然地催生了理想父母这一模型。此外，这一模型会在潜意识里影响你对恋爱对象的选择。如果选择得当，你的童年缺憾会因为这"第二次诞生"而得以弥补。

然而，不幸的是，在恋爱中加深缺憾，得不到满足的人更多。之所以这样，是因为爱与分离之间的矛盾很难调和。恋爱的意义不在于两个人一直如胶似漆地腻在一起，而在于把对方当作与自己平等的精神个体，培养和完善自己独立的人格。两个人应当既相互独立又彼此信赖，在精神上相互扶持，在生活中亲密和谐相处。

从一定意义上来说，恋爱其实是亲子关系的翻版，但是这种翻版不是简单地复制童年的幸福或痛苦，只是说在童年幸福经历的基础上，恋爱更有可能会再现这种经历而已。事实上，我们追求恋人的时候，参考的标准并不是现实中的父母，而是理想中的父母。

理想父母和恋人的相似性在于，二者都会给我们无条件的爱。不管在父母面前，还是在恋人面前，我们都需要这种无条件的爱。但是在恋爱时，我们反而会先给对方这种无条件的爱，不管用什么方式，总之是要让对方明白，不管发生什么，我都会一直陪在他/她身边、对他/她好，会一直支持他/她、呵护他/她。

恋爱的关键时期也是在双方获得了对方无条件的爱之后才会出现的。在这个关键期内，恋人关系会像亲子关系一样，恋人彼此互为对方的家长，同样也互为对方的孩子，这就是童年经历对成年后恋爱关系的深远影响。所以，这个阶段会决定我们是完成对童年阴影的救赎，还是重蹈覆辙，再次留下同样的遗憾。演奏着恋曲的不仅仅是身处其中的两人，还有两人的家庭，毕竟，乐谱早在童年时就记下了。

我们如今的所有气质和性格里，都隐藏着自己过去的经历。所谓接纳自己，就是知道自己有哪些不足，在哪些方面还可以做得更好，并愿意给自己一段时间去努力改变自己，而不是对自己的问题消极地听之任之。

加拿大心理学家克里斯托弗·孟认为："亲密关系是为了引出我们最好的以及最糟糕的特质而存在的。人们所有的经验，无论好坏，都是这个目的的一部分，如果否认这两者中的任何一个，我们就无法真正地了解自己。"

所以，正如克里斯托弗·孟所说："寻找真挚永恒的亲密关系，其实就是寻找自我。"

我们要明白，亲密关系的幸福开关就在自己手上，因为：

夫妻，镜映内在的过程；

子女，成为生命的老师；

父母，成为力量的源头；

人际，成为自我的镜子。

开启亲密关系的幸福之匙一直在我们自己手上，我们要做的，就是勇敢地去开启幸福之门！

童年期大量没有实现的欲望，压抑到成年以后就伺机成为疯狂追求的动力。积极的就会实现个人成就，消极的可能就变成破坏性的力量。

——题记

2.童年，我们习惯了什么

童年是什么？冰心女士说：童年是梦中的真，是真中的梦。

童年是什么？诗人说：他们最好的那些诗歌，之所以能流传千年，最应该感谢的就是童年这个灵感的来源。

童年是什么？画家说：童年是一盘色彩丰富的颜料，为他们提供了完成一幅幅风格各异的画作的机会。

童年是什么？心理学家说：童年是影响人最深远、最深刻的记忆储存，存储着所有快乐与不快乐的信息。

为何童年的记忆特别真切？因为童年的那些体验，往往是带着"第一次"的特殊味道，是人生中最纯真最初始的深刻经历，难以抹去。除此之外，在童年的所有经历中，不论是气味还是声音，是所见还是所感，都会留下十分深刻的印象，会给我们带来无比丰富的感官体验。长大之后，当我们经历类似的情境时，会很自然地想起那些童年的日子，想起那些始终萦绕在心底的往事。当然，在这些童年记忆中，也会有一些不那么快乐的经历，会有一些那时候无法理解的事情。这些事情带给我们的负面情感体验是十分久远的，在成年之后遭受到相应的刺激，就会露出狰狞的面目来，因为它们并未被消化，而只是以扭曲的形式始终潜伏在心底……长大后我们会不由自主地去重复这些记忆和情感体验，幸福的我们重复幸福，痛苦的我们即使百般回避也依然会不断重复痛苦。

所以，生活中经常会有这样一些问题——

为什么我们会那么在意别人的评价？

为什么说缺爱是世上绝大多数心理疾病的内在原因？

为什么童年受过的苦长大了还要再受一次？

人的命运为什么会类似于轮回？

一百多年前，有心理学家做了一个实验，测试孩子们在经历某件事情之后会重复发生的概率，然后发现，孩子不管经历的是什么事，在以后的日子中，都会寻找机会再次重现那些经历过的场景，以再次体会那些痛苦或快乐。心理学家称之为强迫性重复。投射到人际交往中来，这种现象就表现为人对小时候经历的不断复现。

比如，有人小时候生活在充满敌意的环境中，那么他对待别人的时候，也就会重复构造这种充满敌意的场景，这也就导致了大部分人会觉得他不好相处。

相反，有人小时候获得了足够多的信任，也给了别人足够多的信任，那么在长大后，即使他性格内向，并不擅长与人沟通，但他依然可以用他真诚的心去对待他人和这个世界, 在对这个世界付出善意的同时, 感知这个世界。这就是童年经历对人的影响。

著名心理学家阿德勒提出: "童年期大量没有实现的欲望, 压抑到成年以后就伺机成为疯狂追求的动力。积极的就会实现个人成就, 消极的可能就变成破坏性的力量。"

在以往的咨询案例中, 我们发现人们在儿童时期的某些深刻感受, 不论是痛苦的还是快乐的, 都会在潜意识中产生"隐形的内在誓言", 会对此后整个人生中的重要人际关系造成决定性的影响。这个影响人们一生的"誓言", 并不见得一定是坏的。在一开始的时候, 它对你是有帮助的, 是为了保护你而存在的, 但是后来你和你所处的环境都变了, 它却不能跟着一起改变, 这就造成了困扰, 成为你人生幸福指数下降的重要因素之一。以下两个案例就是受"隐形的内在誓言"影响的典型:

案例一:

有一个条件很好的年轻男士, 他有很好的工作, 才华横溢, 仪表堂堂, 可是一直没有一个固定的女朋友, 因为他一贯坚持的观点就是: 女人都是善变而不可靠的, 翻手为云, 覆手为雨, 说变就变。不过说也奇怪, 他的女朋友确实都是这样, 那些好女孩儿他一个都没遇到。但这一切其实是他自己选择的结果。

从童年经历来看, 这个人自小家庭就是破碎的, 爸爸早死, 之后妈妈不断改嫁, 把他看作累赘, 所以他恨妈妈。长大后, 他对妈妈的恨仍未消除, 这也影响了他的择偶标准, 故意选择水性杨花的女子, 来满足自己对妈妈的恨意和报复。这样的行为其实对自己来说是极其不好的, 但是他没有意识到这一点。

为了满足自己的恨意，他必须证明妈妈是值得恨的，于是不由自主地找了不可靠的女友，在女友的一次次背叛中，来证明自己是对的。

当然，也不是没有好女孩出现，但是他这样的心态不适合谈恋爱。有个好女孩被他的尖酸刻薄攻击得体无完肤，实在受不了，只好选择离开。这个女孩的离开对他打击很大，无疑又一次加深了他对"女孩都靠不住"这一理论的偏信。可是他从来没有想过这是自己的问题。

事实上，这样的结局，本质问题都在他自己。

案例二：

我们上学的时候，班上往往会有一两个成绩好、长得又很漂亮的女孩，这个案例的主人公就是这样一个女孩。但她小时候父母离异，导致母亲日子过得十分艰难，同时做好几份工作。她回家之后总是独自面对空寂漆黑的房屋，在饥饿中盼望母亲回来，这种凄凉是刻骨铭心的，她害怕这种被遗弃的感觉。所以她长大后找对象，总给自己设定了一个前提，就是要找比自己差很多的，因为这样可以有优越感，可以不担心被抛弃。而同样优秀的男孩，她总是无法完全信任他们。

所以，在大多数情况下，我们会发现来心理咨询室进行心理咨询或倾诉的，其实并不是站在眼前的这个成年人，而是成年人心中的"孩子"在表达自己，这一点，是很多来咨询的成年人没有意识到的。面对这些咨询者，我们感到十分痛心，显而易见，他们在童年经历的影响下，丧失了爱和建设的能力。

要想帮助他们摆脱困境，我们就得帮助他们内心的"孩子"放下固执，不再纠结于过去，这样他们才能获得自由。不过，很多人对于童年经历都是讳莫如深的，不愿意触碰和破坏那些童年记忆。事实上，心理学的解决办法，并非要直接把这个所谓的"孩子"抹除，而是与他交流沟通，用一些适当的妥协和给予来换取他的退出和放手。只有这样，这个"孩子"与成人的联系才能泾渭分明。这一工作虽然耗时耗力，却是能从根本上解决问题的办法。为什么有些人害怕长大？为什么每个人都非常在意自己的童年？究其本质，要么是因为童年记忆十分美好，所以不舍得丢弃；要么是因为童年记忆太过悲伤，所以许久也走不出来。除了这两点之外，再无其他。

亲密关系的处理是一项技术活，每个人得在处理至少3000次相关问题之后，才能具备处理亲密关系的能力。

有了自己的孩子之后，我们对童年的认识将会发生哪些变化？科学研究表明，人类对于嫉妒、仇视、恐惧等激烈的情感，会下意识地选择淡忘和淡化，而这些情感最初的体验来源，就是在童年时期和父母兄弟的相处模式中。有了自己的孩子之后，我们得学着照顾孩子，这时孩子的行为表现会唤起自己童年经历在内心留下的那些阴影，这也就导致了初为人父或者初为人母的那个阶段，经常有被抛弃的孤独感或者被掏空的幻灭感。其实这些感觉只是对自己童年经历的一种回应而已，跟自己现实中的孩子没有太多的关系，主因还是自己内心的那个"孩子"。为了避免把这两者混为一谈，就得先照料好内心的"孩子"，解决好矛盾和问题，再全心全意照顾现实中的孩子。

这就是我们为什么要学习和成长的原因，要走上心灵幸福之路，我们必先走上自我探索、自我疗愈与自我成长之路，和"内在的孩子"深入地对话。如果我们对自己的心理模式有了深刻的了解，对过去发生的事情有一个清晰的认识，就能够自主选择面对它们的方式了。当我们能自主地为自己的一切做选择时，我们才能成为真正的自己并实现自我，最终让爱与幸福来敲门——这也是探索童年、探索原生家庭最大的意义。

　　为人父母，要更高级地爱孩子，不仅要照顾他们的身体，还要珍惜他们的自觉意识，满足他们自我成熟、自我成长的需求。尤其是母亲，不仅要对孩子温柔呵护，更要善于自我反省与自我成长。我们的反省与成长，是我们给成长中孩子最好的礼物，其实，也是孩子给予我们的人生馈赠——因为陪伴他们成长，我们也得以成长。他们不断制造、提出问题，我们在面对这些问题、解决这些问题时自我醒悟、自我成长，从而能更智慧、更豁达、更淡定地面对与解决人生问题，并进入一个新的境界。

理想父母的形象，从来都藏在我们的心灵深处不曾远离，为我们选择恋人定下了一个基调。

——题记

3."理想父母"型伴侣

对于我们每个人来说，一生的时间不长也不短，但是"诞生"一定不会只有一次，至少也该有两次：第一次是从妈妈的子宫里出生，第二次是恋爱。

弗洛伊德提出："一个人的人格在五岁前就已基本塑造成型。"其实在童年时期形成的重要人生因素有很多，人格只是其中之一。童年时，我们获得的爱主要来自父母，所以父母对爱情的态度很大程度上会决定我们对爱情的最初理解。如果父母的爱不曾缺席，我们就会以父母为标准去寻找恋人；如果父母的爱严重不足，我们就会缺乏安全感，在恋爱中总是逃不脱怨责父母的影子。

下面这个例子来源于实际生活：

艾萍的家庭并不圆满，在她三岁时，她的爸爸抛弃了妈妈和她，与另一个女人一起远走高飞，让艾萍经历了十几年的单亲家庭生活。直到她十六岁时，父亲才又回到妈妈身边，但已经破镜难圆。艾萍对父亲是怀有恨意的，这份恨意也影响了她的择偶标准，那就是找一个和爸爸完全不一样的人。

王江刚好符合这个标准。艾萍的父亲幽默风流、能说会道，王江虽不善言辞，但成熟稳重。从家庭背景来讲，王江虽然是农村出来的，但是父母相处和谐，家庭和睦，亲子关系融洽稳定，所以王江自然成了艾萍眼中的理想伴侣，她很轻易就爱上了这个男人。

然而，和很多情侣的经历一样，两人在相处不久之后就出现了问题。恋爱的第二年，艾萍对王江的怀疑逐渐增多，并在这种怀疑下开始做出一些无理取闹的行为，比如查电话、查邮件，甚至自己跟踪或是找人跟踪王江，久而久之，王江渐渐觉得艾萍小肚鸡肠且不信任自己，也就没了相处下去的耐心。但是在他们恋爱第一年的时候并不是这样的，那时候两人如胶似漆，都为对方考虑，艾萍担起了家庭主妇的责任，洗衣做饭样样都做，王江也想方设法制造浪漫，让艾萍感觉到幸福。

年底时，一场"战争"在两人之间爆发了，他们发生了激烈的争吵。最后，艾萍像个孩子一样，坐在地上伤心而无助地哭了起来。就在这一刻，王江灵光一闪，他平静了一下自己的情绪，用温暖的眼神看着艾萍的眼睛，轻柔而诚恳地问："艾萍，你爸爸的事是不是仍然对你有影响？你对我这样不放心，只是因为怕我会步他的后尘，对吗？"艾萍突然间呆住了，王江这句话完全说出了她的心声，所有童年的委屈和伤心，仿佛在这一瞬间都冒了出来，她一下扑到王江的怀里放声哭了出来。王江紧锁着眉头，一言不发地抱着艾萍。等艾萍平静下来之后，王江和她谈了很久。最后，艾萍明白，这一切矛盾的源头都在于自己童年时留下的阴影，所以谈恋爱时会不自觉地重复童年经历。小时候，艾萍身处单亲家庭之中，得到的关爱自然更少一些，所以为了引起妈妈的关注，为了得到更多的关爱，她经常和妈妈吵架，因为她发现，这样才能让妈妈主动来关心她。久而久之，吵架能获得关爱也就成了艾萍心中根深蒂固的一种想法。

这种想法自然影响到了现在她和王江的恋爱方式，所以她总是喜欢用吵架来吸引王江的注意力。然而，这次交心之后，艾萍懂得了王江虽然也是自己最亲的亲人，和父母一样亲，但本质上和他们仍有区别——这是她自己选择的一个全新的亲人，与父母相处的那一套在这个人面前并不适用。艾萍明白了王江不是父亲，所以需要用新的方式去对待，于是不再跟踪王江，也慢慢学着不再和他吵架。另一方面，王江也对她有了更深的理解，自然也有更多的宽容。

在这个案例中，王江和艾萍经过了恋爱关键期的考验，因为在恋爱的蜜月期，恋人会想方设法对另一半付出，这很像自己童年时的"理想父母"形象。但是，等蜜月期过后，两人的关系到达一个瓶颈期，就会把对方和自己现实生活中的父母放在一起比较，那么父母的种种缺点似乎也就成了恋人的种种缺点，然后开始抱怨和发泄。而在发泄时，自己会不自觉地陷入无理取闹的境地，并且仗着对方爱自己就无所顾忌。这个时候，再怎么相爱的人也忍不住会有烦躁的情绪，然后产生逃离和背弃的想法。

这个时期既重要又艰难，要想安稳度过，最好的方法是：一方面，告诉自己不良情绪的根源在过去而不在现在，和恋人更没有什么必然联系。另一方面，通过和恋人的沟通，让恋人明白内在原因，可以继续给自己爱和包容。艾萍和王江在交流之后，就是用这样的方法继续走下去的。当王江明白了艾萍生气也好，跟踪他也罢，其实都并不是在针对他，而是在针对那个藏在艾萍童年记忆中的父亲形象之后，就对她有了更大的包容心，愿意陪着她驱除心魔。他的坚持也给了艾萍重新开始的勇气，艾萍渐渐把王江和记忆中的父亲分开来看，终于成功地治好了童年留下的心病，没有再继续错下去。王江和艾萍通过了考验，将恋爱当成了一次修正童年错误的机会，并且真正迎来了幸福。

对于人生来说，自由的重要性甚至超越了生命，恋爱的自由是所有自由中最值得歌颂的一种，所以我们选择了自己的恋人，就不要放任潜意识去作祟，而应该靠自己的毅力和意志，完成对自我的拯救，也完成对人生的洗礼。人们常说爱情是伟大的，其实这种伟大也体现在治疗心病的独特作用上。

虽然说我们的心里都会有一个儿时的梦想，都会想要去实现童年的愿望，想要得到理想中父母的爱，但是，恋人不应该成为这种偏执心理的牺牲品，恋人是一个完全独立的活生生的人，不该成为任何人的替代品。何况，理想父母在现实生活中是不可能出现的，因为他们是我们童年时期的理想化模型，是我们的心理投射。

两个人在一起，就注定要接受对方的过去和伤痛，而每个人都有不一样的经历，也就造就了不一样的人生期许。如果这个时候你把恋人当成你实现自我人生期许的工具，那就失去了恋爱的意义。只有把恋人当成与你共同实现人生目标的伴侣，互相理解和支持，才能有一个好的婚姻。

当人们把恋人当成理想父母的替代品时，就会想尽办法把他们当作改造对象，想让他们像自己想象中的那样完美，然后复制自己过去经历的情景。但这种模式是很累的，恋人要扮演你的理想父母角色，而在结婚后这种耐心会迅速消耗殆尽，于是两人就会不断争吵，不断产生矛盾，这就是"爱情港湾"最终变为

"爱情坟墓"的深层次原因。

明白了爱是接纳与认可对方，而不是按照我们内心的模型去掌控、改变对方，就懂得了爱的真谛，也就有可能拥有幸福的婚姻。

　　因为被爱，所以生而完整；因为被爱，所以无所畏惧。

　　——题记

4.在爱里长大的孩子

　　听过了那么多因为"缺爱"而丧失了爱的能力的故事，我们终于知道，幼年的爱很重要，那是培育一生情感的养分。很多脆弱、敏感、极度缺乏安全感的人，是因为在童年没有得到过充足、正常、健康、本真的爱，所以，他们没有学会去给予爱，而只会索取爱。

　　有朋友忍不住问我："从小缺爱是共性吗？真的没有那种始终活在爱里的孩子吗？如果有，他们的经历是怎样的？他们和我们又有些什么不同？他们比我们多拥有什么呢？"

　　答案自然是有。

　　虽然以爱而论，每个人所得到的和自己想要的都会差一点点，并不够完美，但在人生的初始阶段就能感受到爱意的人，在后续的发展中也会用更加柔和的眼光去看这个世界。

而小时候被赋予的这份爱，让他们没有对爱感到匮乏，到了婚恋年龄没有对爱的极度需索，这样他们更懂得选择和把握成熟的爱，也就因此拥有更为稳定和幸福的婚恋关系。我曾在某杂志上看到这样一个故事：

潇是一个北京女孩儿，是典型的"黄金剩女"，已经三十岁了，却还是一点不担心自己的婚事，反而过得滋润从容，在朋友圈里是个十足的"另类"。

在家庭氛围的影响下，潇从小爱摄影，父母不曾阻拦，反而大力支持，在经济上尽力给潇想要的一切帮助，甚至在潇上小学时，为了满足她去学习摄影的愿望，家长会帮助潇以各种理由频繁向老师请假。

在这样的氛围下，潇的摄影技术日渐进步，不久就在圈子里混出了名气。大学毕业之后，没几年她就自己在北京开了一家工作室，经营摄影相关产业，也混得风生水起。

有人问过潇为何能一直保持单身的状态还不着急，且能让父母也不着急。

潇倒是很坦诚。她说自己也这样问过母亲："我要是一辈子都不嫁人，你都不担心吗？"

母亲是这样回答的："就算你不嫁人，我跟你爸爸也能给你足够的爱，何况你对现在的工作和生活都很满意，就这样过一辈子又有什么关系呢？"

潇接着问："可是我不结婚的话，老了就没人照顾了呀？"

母亲仍然很淡然："既然你现在能过得这么好，那自然也懂得老了要怎样才能过好，所以我并不担心你老了会照顾不了自己。人如果为了老的那几年无忧，就委屈年轻时的几十年，是不划算的。"

看到这里，我只想到四个字：完整的爱。

正是因为有完整的爱，所以潇不必匆忙寻找另一份爱来填补缺憾。

也是因为母亲给了女儿完整的爱，所以她不必催促女儿结婚以减轻自己的使命感。

潇是幸运的，因为有父母完整的爱与信任，所以她拥有了足够的自信去追求自己喜欢的人生，能以最舒展的心态真正过自己喜欢的一生。她没有后顾之忧，自然不会轻易被别人的看法左右，能在自己选择的道路上坚定地走下去。

与潇相比，很多人都是活在别人的眼里，只想获得别人的认同，却忽略了自己的感受。

有多少人，成年后为了从别人那里找到所谓的存在感而想方设法去证明自己是值得被爱的；又有多少人，长大后在一段恋爱中不停地无理取闹，只为了证明对方爱自己。

这些人就像漂泊在海上的小船，想要找到一个温暖的港口停留，却没有灯塔的指引。而从小拥有完整的爱的那些人，则会始终从容淡定，怀揣自信，因为从一开始他们就知道自己是值得被爱的，也是有人爱他的，所以不用再去证明自己的价值。

因为被爱，所以无所畏惧。

有一个心理咨询者叫宁，来自农村，大学毕业那年，他离开家乡来到北京打拼，身上的钱买完车票就所剩无几了。我问他怎么想到要来北京，他回答："北京是我梦想所在的地方，我高考完就想来这边上大学，可惜分数不够。当年留在了昆明，但我还是放不下这个梦想，所以，一毕业就来了北京。"

初来乍到，生活的重担一下子压在了宁的肩膀上，住的地方是一个小小的地下室，吃的是最便宜的路边摊，身上的钱只能维持一周的开支。宁不得已只好去找兼职，先是发传单，然后找到了一份房产销售的正式工作，生活才渐渐改善，不说衣食无忧，至少不会饿死了。

宁毕竟是个聪明人，没过多久，他就成了公司业绩最好的一个，钱自然也挣得多了，不用再住地下室了。

之后他凭借着自己的经验和才能，成了公司的销售经理，一路顺风顺水地做了下去，八年后的今天，已然坐到了销售总监的位置上。

回头看这一段经历的时候，我问他："最初来北京的时候，有没有担心过自己会饿死？有没有为前途焦虑烦心过？"

他笑了笑，说："焦虑烦心是肯定的，就算是找到工作之后，也仍然会焦虑，因为销售这一行竞争太大了。但是要说担心自己活不下去，倒是真没有，这一点我对自己还是有信心的。"

我好奇地问道："为什么你能有这样的信心呢？"

他说："可能与小时候母亲对待我的方式有关吧。小时候，学校和家隔得很远，所以上学和放学都要走很久，但是那时候母亲每天都会等我回家，再和我一起吃饭，那么多年从来没有变过。有一次下雨，我在回家的路上摔了一跤，膝盖受了伤，只能一瘸一拐地往回走，没走多远，就看到母亲拿了伞过来接我。母亲给了我面对一切困难的勇气和信心，无论遇到什么，我的心都是安定的，没有慌张与恐惧。因为我知道，无论我遭遇了什么、发生了什么，母亲都会一直等我，不会放弃我。"

从上面的案例我们可以看到家庭对于一个孩子的重要性。

孩子最初的安全感全都是来自家庭。如果家庭无法给孩子完全的信赖，那孩子就会有缺乏爱的感觉，这将会使得他们处处不自信。

或许摔破了膝盖，因为怕被责骂而不敢和家人说。

或许在小地方长大的孩子，不敢离家太远外出打拼，因为不知道家庭是否会是自己的坚强后盾。

爱和支持，是孩子能从父母那里得到的最好的奖赏。

我一直笃信一个观点，即爸爸妈妈要让孩子感受到的最重要的两件事就是爱和关注。

足够的爱会让个人在今后的人生之路上，再也不必花心思去取悦别人，去证明自己值得被爱，也就不会因此受伤。

热播综艺《爸爸去哪儿》中有这样一个场景：

孩子因为害怕在地道中大哭，父亲看到之后，走过去牵起孩子的手，说："这次爸爸陪着你走地道，你不要害怕，好不好？"然后父亲就陪着孩子走完了地道。

从地道中出来之后，父亲又说："这次爸爸陪你走完了地道，但是我希望你今后可以越来越勇敢，在没有爸爸陪伴的时候，也能不怕困难，勇敢面对挑战，这样才能成长为一个顶天立地的男子汉。可能你一开始做不到这样，但至少我们要敢于去尝试。"

父母能和孩子一起去感受和经历克服挫折的过程自然是最好的，如果不能，父母也要让孩子感受到自己始终会站在他身后的心意，孩子探索未知世界的底气与勇气皆来源于此。

童年就拥有足够的爱的孩子，成年后不需要再花费时间精力去弥补缺憾。从小就拥有莫大勇气的孩子，也会在未来的生活中有更加自由开阔的选择空间。

不论今后的人生会经历什么，只要知道自己的背后始终有支持自己的力量，一个人就会有面对黑暗的勇气，就能有寻找光明的动力，那么，挫折和困难终究会过去。

爱，真的可以让人无所畏惧。

第二章

MARRY & LOVE

‖ 婚姻里最重要的功课 ‖

世上最难得的感情并非单纯的爱，而是懂。

——题记

1.我懂你

被人理解，已经成了很多现代人最深层次的精神需求。

"我真正想要的，不过就是有一个人能懂我的情绪，能在意我的感受，能理解我的种种心理变化，并且无条件地接纳，而不是进行评判，懂得永远比单纯的爱要可贵得多。"这是一个朋友深夜给我发来的微信。她已结婚多年，曾经也活得像她想要的那般模样，可随着时光的流逝，尤其人到中年，生活似乎就变了样子。就像我的这位好友，她丈夫是独生子，两人曾经爱得轰轰烈烈，七年之后终于修成正果，但如今她开始感觉到心力不支。

丈夫呢？他也进入了人生的低谷，人到中年的年龄危机、事业瓶颈让这个男人的自信心下降了，所以他格外需要妻子的肯定和支持，但是自己没有多余的精力去安抚妻子的情绪。

妻子很辛苦，他不是看不见，但总是控制不好自己的情绪，毫无理由的挑剔和盲目的发泄让两人的生活充满了争吵，丈夫的负能量总会影响到妻子这个最亲近的人。

所以，虽然丈夫并不想伤害妻子，但是在客观上，他已经无意识地对妻子的心理造成了伤害，在她的心上留下了划痕，而这种划痕使妻子越来越觉得自己已经失去了爱的动力。

但是不管怎么样，妻子还是深爱这个家，深爱丈夫和孩子的，所以她尽可能地理解安慰丈夫，把家里的事情处理好，认真带孩子、照顾双方老人，也为丈夫尽早走出事业的困境尽自己的一份力……

不是她不想努力付出，而是她在这段婚姻中始终得不到补给，自身能量便逐渐耗竭。

这样的她，不是不想给，而是给不出了。

看到她发的这条信息，我最直观的感受就是，她需要的东西并不是世俗意义上能给人带来幸福感的钱或者至死不渝的爱情，更不是老公能帮她多做些家务、多处理一些杂事的体贴……

她需要的，只是"被看见""被认同""高度共情"。

也就是，有一个人懂她。

懂她藏在心里的劳累；懂她不曾放弃的坚持；懂她对于家庭的爱，懂她的脆弱；懂她的酸楚，懂她的不容易。

他能承认这一切并给出回应就好。

这也是很多夫妻的共同问题，即需要的是对方懂你，而不仅是对你好。

这种心理需求对于两个人的关系发展是十分重要的，因为如果这种需求长久得不到满足，就会在心里形成巨大的空洞。随着矛盾的增加，这种空洞会不断扩大，慢慢吞噬掉爱情，抱怨和失望会渐渐多过理解和宽容，那么两人的关系自然便会走向冷漠。

越是要求对方满足自己，对方就越想逃离……恶性循环由此形成。

而后，就会有分离。

朋友经历的婚姻问题，也正是当下很多人共同面对的问题。有时候并不是不愿意付出，只是实在累了，精力不够，无法继续付出了而已。

在生活面前，所有人都不会轻松，而这种不轻松的日子，最需要的并非单纯的爱，而是懂得，因为相互懂得才是两个人灵魂交融的不二法门。婚姻里，最重要的是"我懂你"。

但是，学会懂一个人，是一种能力。

上面的例子中，好友并没有要丈夫像她一样在家照顾孩子、照顾老人，只是希望自己的付出能得到肯定和承认。

她想要的是，他能看到自己的努力和疲惫，他能说一句："你很不容易了，你做得够多了。"而不是迁怒和挑剔："怎么连这点事都做不好？"

努力地付出后，任何人都想自己的价值能被人认同，能被人放在心里去珍视，这是人之常情。

但是，在婚姻里，要做到平静地理解伴侣并心甘情愿地去承认对方的努力和付出，并不是一件很容易的事情，这是需要后天不断学习、练习后才能获得的能力。从某种意义上说，这需要直面自己自私、自我、狭隘等人性弱点。一个男人人格完善的重要标志，就是可以在承认妻子的付出和价值的同时，仍然对自己有十足的自信，不会感到内疚和自卑。

这样的男人可以接受自己的一切好与不好，并且对自己有清晰的认识，所以可以理解和包容妻子的不满，体贴妻子的劳累，在此基础上，给自己动力去做到更好，为妻子付出更多。男人的自信不是表现在大男子主义或者对妻子的呼来喝去上，而是表现在愿意接受妻子的诉求，并且不以这种诉求为耻，把妻子放在和自己同等高度上去理解她，尝试与她产生感情上的共鸣。

反之，如果一个男人不够成熟，或者表面自信实则自卑，就会把妻子的难过和痛苦，看成是对自己的指责和压迫，会认为这些东西伤害到了自己的自尊，认为妻子是不信任自己，是在怀疑自己的能力。这样的男人采取的措施，往往是懦弱地逃避。在妻子表达了自己的不满情绪之后，他不会去和妻子一起面对困难，努力给妻子感情上的共鸣，而会避重就轻，用"我觉得还好啊"这样的回应来敷衍，不愿面对现实。

举个例子，婆媳关系往往是男人最不愿意面对的一个难题。当妻子向丈夫抱怨这一点的时候，她要的其实并不是丈夫去和婆婆吵一架或者立刻就让婆婆委屈自己成全她，她要的其实是丈夫理解她承受的压力，看到她为了这个家庭做出的忍让，要的是丈夫的感情共鸣："我是你的老公，我知道你为什么难过，所以你不需要在我面前隐瞒，有什么困难我与你一起承担。"

其实女人在抱怨的时候，并不是要与你争个谁对谁错，而是想要你站在她的立场去理解她、爱护她。

但是在无力改变婆婆的情况下，如果丈夫也不能理解妻子的感受，而是陷入深深的自责和自我怀疑中，则不如直接告诉妻子自己的想法，然后再和妻子一起商量对策，至少这样能让她看到你的真诚和愿意与她产生高度共情的决心。

能够读懂对方的伴侣，才能从容地接受自己的不完美，才能放得下自己的内疚，然后看到伴侣的付出，认同伴侣的努力和价值，照顾到对方的负面情绪，在聆听中做出回应，既允许对方表达感受，也积极表达自己的感受。

在努力学会读懂对方的同时，我们更要注意，对方暂时无法与你产生高度共情不代表他不爱你或是不理解你，而是因为这件事本来就不简单，需要练习和经验积累，所以要多一些耐心和等待。

这是每一对情侣在婚姻中的必修课。

不是看不见，只是不敢去看见。

——题记

2.选择性看不见

电视剧中总会有一些独自带孩子的母亲形象，剧中场景戳中了无数人的泪点，因为那些场景都太真实、太还原了。

作为一个妈妈，笔者对带孩子过程中会遇到的酸甜苦辣深有体会。对于幼儿来说，一刻见不到妈妈，就仿佛被世界抛弃了一样，因此育儿期间的妈妈要独自去洗手间都十分困难。

但是这种辛苦，没有体验过的人是不可能真正理解的，所以很容易就被他人忽略或者误解，诉苦也会成为他人眼中的无病呻吟，认为是女人言过其实了。

丈夫在这件事上理应是给妻子最多支持和宽慰的人，但是他们常常会"选择性看不见"，这究竟是为什么呢？

为什么我的付出你总是不能承认？为什么我的难过你总是不能理解？我需要的不是你赚更多钱或者你让自己变得有多成功，而是理解我、明白我。可为什么你就是不懂呢？

当然，并不是说所有的婚姻中都是丈夫存在这种不够懂妻子的问题，有很多妻子也存在看不到丈夫的付出的问题。

但是，这都不是最糟糕的。

最糟糕的是，夫妻双方互相看不见对方的努力和付出，并以此为由相互指责，不断索取，不断争吵，最终导致同床异梦、婚姻破裂。

而走到这一步往往是有这样一个过程的：一开始我希望得到你的理解，但是你压根不去关注我的心理活动，后来我失望了，就不再期望你的关注，再往后我干脆也不去关注你，我们各走各的独木桥。这个时候，双方就不再有心灵上的交流，也就意味着失去了对方。

不过，不能看到对方的付出，学不会认同对方的价值的人不见得就是个坏人。我的朋友就是个典型的例子。

在他的原生家庭中，父母关系淡漠，相处并不和谐，因为对伴侣失望，两人都对这个孩子不太上心，母亲很少对他展露笑容，父亲一向严肃苛刻。

在这种情况下，因为童年时缺乏双亲的关爱，始终做不到自信地面对生活，并且常常怀疑自己的价值。

他虽然在年龄上已经是中年人，但是在心理上，他实际还未真正成年，还需要克服原生家庭带给他的心理障碍，才能具备爱人的能力。而只有具备了爱人的能力，他才会明白一个成年人真正的责任，才能真正地承担起责任，对自己、对家庭、对家人负责。

这些东西对于他来说都是不小的挑战。正是因为这种童年阴影造成的心理创伤，他无法像正常人一样去学习理解伴侣，承认伴侣的难处。

除此之外，丈夫在理解妻子、和妻子产生感情共鸣上有困难，还有一个重要的心理因素在作祟：丈夫认为，如果我率先表示理解你并认同你的付出，那么就显得我低你一等，显得我没有足够的能力去给你好的生活。

作为一个男人，我让你感受到这么多的难处，我是不是不能照顾好你？是不是没有像自己承诺的那样给你带来幸福？既然这样，那我作为一家之主的权威是不是也就将不复存在了？我会开始怀疑自己的能力。

而这样一个能力不足，让你感受到这么多痛苦和难处的自己，是我不能接受的，所以我宁愿选择看不见你的难处，也不愿意去面对自己没有做好或能力不足的自责。

夫妻之间没有性格不合，只有理解不够、接纳不够，或者换句话说：没有不爱，只有不懂。

——题记

3.你们真的是性格不合吗

现在如果问闹离婚的夫妻离婚的原因，80%以上会说"性格不合"，因为性格不合，所以总是吵闹不停，最终导致离婚。但是事实上，性格不合对于男女关系来说，只是一个分手的借口而已，背后的真实原因应该是了解得不够，所以不能接纳。

性格在人生下来的时候就有一部分是注定的，但是随着后天的发展，会渐渐向不同的方向分化，最终在成年之后定型，成为自己的独特属性。性格一旦形成并且定型，就很难再被改变，所以夫妻双方也不能把自己的想法强加给对方。而化解问题的唯一方法是：真正的理解与爱的接纳！

人都是因为爱在一起的，可是爱只是一种感觉，一种让人仿佛置身蜜罐的甜腻感觉，一种让人仿佛漫步云端的浪漫感觉，这种感觉是很容易消散的。要想把爱定格下来，就必须全心付出，真诚相待，首先在内心深处接纳它的各种不圆满，然后从生活的方方面面来好好经营它。婚姻生活会把爱情最初的激情消磨殆尽，最后剩下的就只有柴米油盐酱醋茶的世俗日子，而琴棋书画诗酒花的高雅终究不是生活的常态。

随着爱情逐渐褪色，人们就会开始怀疑，是不是自己错了，是不是和眼前人在一起并非因为爱，而只是出自性本能。几乎这是每一段婚姻都会经历的纠结期。他是不是已经不爱我了？我们的婚姻还走得下去吗？他怎么是这样一个人？……这是我们面临的种种问题。可是，这个人是你自己选择的，每个人都应该对自己的选择负责，在你们刚认识的时候他就是这样一个人，只是你没有看到，没有觉察，或者你已经觉察，但所谓"爱情的力量"太伟大，你依然选择和他在一起……这一切，都是你自己选择的结果，只不过你现在不想再对这种选择负责，因此你说："我们的性格实在不合，我们生活不下去了！唯有离开，只有离开！"

你真正了解你的伴侣吗？他的原生家庭对他的影响是十分深远的，所以不论你们一开始见面时他是什么样子，他的本质都一直不曾变。成长历程决定了他的事实存在，现在他的外在是暴躁的，那么他的成长中父母双方或一方肯定脾气暴躁，他内在并不接受，但无形中又习得了这种模式。换句话说，他内在抗拒这种模式，但因为他在这种模式下受到了一定的伤害，而那些伤疤无法平复，于是他采取这种方式来平复。他自己是不知道的，这种暴躁的习得反而是他内在自卑柔弱的反映。

如果现在的他在你看来是懦弱或没有能力的，那么，在他的原生家庭或成长过程中就必然有父母双方或一方比较强势，或者他在成长中没被充分地肯定，于是造成他如今的样子，但是他的内在是一直希望被充分肯定的。因为内心缺乏力量，他才希望被你承认，但你可能给予他更多的是指责和抱怨。然后问题来了，为什么你是一个指责型的人？过多的指责让你们的婚姻充满了火药味，甚至让婚姻濒临破碎。这极有可能是因为你的原生家庭或成长过程中父母双方或一方一直采用的就是这样的指责模式，你是原版"习得"，只是你自己都未曾察觉，更没有发现你内心其实并不喜欢，可它切实影响了你的婚姻生活。

一切结果都与自身成长经历有关，你不仅不了解你的伴侣，你甚至未曾真正了解自己。

两个人都是带着原生家庭的模式来到一起，或多或少会把自己的痛加到对方的身上，这个时候再彼此指责只会让对方和自己更加痛苦，这是毫无意义的。其实，每个人都痛在自己心灵深处，痛在自己的童年记忆中。

席慕蓉的一首《蚌与珠》，讲的就是人的心灵伤痕：无法消除那创痕的存在/于是/用温热的泪液/你将昔日层层包裹起来/那记忆却在你怀中日渐/晶莹光耀/每一转侧/都来触到痛处/使回首的你怆然老去/在深深的静默的/海底。

所以，请记住，所有的结果都是我们自己的选择，是潜伏在我们心里的童年意向。若在小时候就拥有足够多的爱，长大后就会自然而然地拥有为达到目标而努力奋斗的能力，幼年、童年时若没有从父母那里得到足够的爱和认同，长大以后就渴望从伴侣那里获得完整被爱的安全感。这就是索取！

要经营好亲密关系，双方都是有责任的，需要双方共同努力。你的伴侣会在一定程度上反映出你的想法，反映出你想要的东西。你之所以会被对方吸引，也正是因为对方身上有你自己想要的东西。这样来看的话，你害怕和对方太亲密，也就意味着害怕和自己想要的东西太亲密，而这往往是因为你害怕失去。人首先要学会自爱，然后才能爱人，所以只有一个懂得把自己的生活过好的人，才能吸引来一个真正重视你、爱护你的配偶。同样的道理，如果你要别人对你付出，就得首先愿意对别人付出，只有给予他人足够的爱的人，才能换回同样珍贵的爱。当然，在恋爱关系上，不应该将自己的感受作为束缚对方的枷锁，要学会让对方自主选择，只有在两人相对自由和独立的情况下，才能进行有效沟通。在争吵中，懂得照顾对方的感受是很重要的，如果你自己不喜欢当被指责的那一个，那么对方肯定也不想。因此，没有必要一定坚持自己是对的，只需要表明自己的态度就足够了，否则两人迟早会陷入不可调解的窘迫境地。

有研究指出：童年时，父母的爱是否有条件，决定着孩子成年以后是否具备自主性。具体来说就是，如果父母的爱需要用牺牲一些东西来换取的话，那么孩子长大后就不能完全做到为自己而活，因为父母这种有条件的爱，会让他不自觉地牺牲自我去换取别人的认同。这种心理会让人形成讨好型人格，而且因为丢掉了一部分自我，就很难做到全心全意对别人付出，哪怕是遇到了自己真心爱的人，明知道自己愿意用所有的心思去对他好，但就是做不到。童年阴影对人的影响是根深蒂固的，解决的办法不是没有，但需要自己做出很多努力，且伴侣的配合和支持也是必不可少的。最完美的结果是能彻底原谅父母，解开心结，如若做不到这一点，就很容易把自己和伴侣两人中的至少一个人变成父母的样子。

这样看来，问题的本质根本不在于性格是否合得来，而在于双方有没有花心思去了解真实的对方，有没有了解对方的成长过程，能不能在清楚地知道对方需要什么之后努力地去付出，去给对方想要的一切帮助和理解。日常生活中很多有问题的夫妻来向我做过咨询，很有意思的是，很多在家庭中觉得自己很可怜、被对方伤害的人，在了解配偶的原生家庭和成长模式后，都会哭着说："原来他比我更可怜！"这一刻，他其实才学会了理解和接纳。

所以，夫妻之间没有性格不合，只有理解不够、接纳不够，或者换句话说：没有不爱，只有不懂。有时候，我们根本不懂自己的伴侣，不懂伴侣的过去，不懂伴侣的内心伤痕，从而造成了很多不必要的困扰。如果你相信这点，我相信你已经走在了成长的路上，你也已经在悄悄接近幸福了！

所谓成熟的爱，是在保有个人的完整性及个别性条件下的结合。

——题记

4.爱与需要不要混淆

"爱"到底是什么？

回想我们的成长，再反思我们的生活，我们会发现原来我们所学会与了解的爱是有问题的：

父母相濡以沫教会了我们感情是互相依赖的；许多影片和歌曲告诉人们，"只要他还需要我，就表示他还在乎我""我爱她是因为我无法离开她"……

于是，"爱"与"需要"常常被我们混淆，我们分不清它们的界限，也导致了生活中很多恋人和夫妻之间的出现问题。

有一次，我的一个朋友兰兰告诉我，她和她男朋友之间的感情出现了不小的问题。

　　"他上大学的这几年，我既得忍受旁人不理解的眼光，还得努力挣钱供他念书，实在是耗尽了自己的心力，但是我这样做的目的，只不过是证明他需要我，只不过是要让他满足我那种被需要的感觉。"兰兰哭着说，"可是我错了，我现在才明白，爱情不是需要，即使我再怎么爱他，我也不该用这种方式来证明他是爱我的。"

　　对兰兰来说，"需要"是一个很重要的因素，其实这也正是当下很多恋人恋情出现问题的关键所在。

　　"爱"很容易被理解成奉献和委屈自己，但这些其实都只不过是你满足自己某种需要的手段而已，并非真正的纯粹的爱。

　　因为成长环境和生活环境，我们头脑里经常会有这样的观念：若我爱他，就应该死心塌地；若他爱我，就应该处处为我着想。

　　可是我们忽略了，感情不仅需要感性，更需要理性，它不是一种简单的能把人带向幸福的工具，更不是自我膨胀下释放不满的手段。

　　那到底什么是"爱"？什么又是"需要"呢？

　　这个问题谁也无法给出确切的答案，因为爱和需要本就是一种说不清道不明的感觉，它们的区别只在于你行为模式的出发点不同。

　　有诗说："如果爱你是错的话/我不想对/如果对是等于没有你的话/我宁愿错一辈子。"

　　首先，"需要"是一种基于自我的界定。

　　在谈恋爱之前，你是否问过自己，到底是出于什么目的才去和这个人谈恋爱的？很多时候，一段感情的开始只是为了满足当事人的心理需求和生理需求而已，这也就导致了相爱的人一定彼此需要，但彼此需要的人不见得一定会相爱。

　　所谓的需要，理性成分远大于感性成分，因为你在选择这个人时，考虑更多的是自身长久以来的习惯，是因为自己比较懒，所以需要有人来和你一起分担本属于你的生活重任，是在自己不追求上进的情况下，错误地认为对方知你冷暖，懂你悲欢，并愿意和你一起面对这人世疾苦。但事实上，这些都只不过是你的一厢情愿而已，是你为满足一己私欲而找的借口罢了。

有时候习惯的力量实在太过强大，可以改变很多想法。你会觉得你们已经习惯了彼此的存在，在这段感情中都已经付出了很多心血，所以宁愿付出更多的心力相互妥协、相互讨厌，也不愿意放弃它，转而去寻找真正的感情。你所重视的东西并不是内心感受，而是你已经付出的一切。

人生是一个很宏大的课题，而我们都太过渺小，生命的孤独感也会裹挟着你，让你将依赖成性当成爱，让你因为贪恋这种依赖而屡屡选择妥协，而不是勇敢地从头再来。

这些状态都是你将需要和爱混淆的表现，需要对方和被对方需要都是恋爱中很重要的因素，但是它们永远都不是爱，也永远代替不了爱。因为它们没有爱最重要的本质特征——心灵的契合和想要为对方付出的真心。

大多数人的问题在于，在恋爱中太过依赖对方，希望对方对你百依百顺，并以此作为对方爱你的表现，这其实只是你基于自己欲望的一种需要而已。为了满足对方对自己言听计从的这种欲望，他们愿意为伴侣做任何事情。但是在这个过程中，对方已经变成他们想要攻克的目标，而不是爱人。

一个人倘若对伴侣的依赖性太高，就会失去自我，总想从对方身上获得弥补，这注定是不能被完全满足的。长此以往，当这种不满发展到一个极端，人就会做出种种荒谬行为，到了这个地步，矛盾就很难再被消除。一个人的价值是靠自己来创造的，并不需要靠别人来体现，如果你总想着靠别人的爱来体现自己的人生价值，那就已经偏离了爱的初衷，走向了另一个极端。这就像病人需要麻醉剂来获得短暂的平静放松，但是麻醉剂并不能让病痛消失一样。这种人总想着依靠别人满足自己的情感需要，却不知道越是这样越是得不到自己想要的爱。

在对待恋人时，付出是有条件的，是必须获得回应的，这才是感情中双方应当明白的道理。

分不清爱和需要，带来的后果就是，打着爱的名号，却做着剥夺他人自我意志和自由权利的事。此时，"爱"已经不是真正意义上的爱了，只不过是操纵与控制对方的理由而已。

明白了这一层道理之后，再来看身边的很多问题情侣，其实都存在着这种操控对方的情况，所谓的爱情名存实亡。

李永人很不错，聪明又活泼，但是恋爱总是不如意，因为当他和一个女生在一起的时候，他每天能打一二十个电话给对方，每天准时去接女生下班，没事就问一下吃没吃饭、穿什么衣服、跟谁出去玩了这样的问题，所以和他交往的女生一般都会因为受不了这种无处不在的"爱"而选择分手。

大学是恋爱的天堂，这句话说得一点没错，但是在大学生的恋爱中也存在不少问题。在关于大学生恋爱交友的相关讲座中，女生们提问次数最多的问题是：男朋友的性要求究竟该如何处理？是不是一旦拒绝就意味着感情走到尽头了？

其实，不仅是大学生，很多女性都会遇到这种问题，男朋友在提出性要求时的口吻总是："如果你爱我，就应该满足我。"

这是何等荒谬的言论！从某种角度来讲，这根本算不上爱，只不过是一场以爱之名的道德绑架罢了，而且这种道德绑架不过是出于当事人的私欲。

另外，爱情同样需要理解和尊重，虽然两个人在一起了，但是在人格上仍然还是相互独立的。对恋人的尊重，表现在尊重其正常的需求和心理感受上，尊重他的想法和考虑，然后再适度地在对方需要的时候给予关爱和帮助。

当然，这是对爱情双方共同的要求。生活中，很多人都明白这些道理。可是我们往往会更容易伤害自己最爱的人，对不那么亲近的人，像同事、朋友之类，反而会更注意他们的感受。这可能和中国的传统文化有关，中国的传统文化提倡的是"三从四德"的伦理纲常，所以强势的一方潜意识里认为弱势的一方就应该屈从，就应该以自己的想法为重，不自觉地忽略了他们的独立人格和尊严。这是一种环境造就的"整体无意识"行为。然而，现在的时代是一个自由文明的时代，只有认清自己的这种心理，然后改正，才能获得真正平等自由的爱。

人们之所以会把爱和需要混为一谈，是多种因素共同作用的结果，人格发育不健全是其中的一个重要因素。分不清爱和需要的人，从本质上来说是因为其需要过于不近情理，而这种不近情理的需要，是因为在成长过程中自己的需要未能得到充分满足，因此他们对自己失去信心，变得自卑脆弱、胆小懦弱，同时极度缺乏安全感。这就导致了他们需要对方用更多的付出来表达对自己的爱，在言语上会表现为：

"如果你爱我……你就应该……"

"你如果不……就是不爱我！"

"我这都是为了你！"

"你为什么感觉不到我的心意呢？"

这些人所说的爱并非真正的爱，而是为了满足自己近乎畸形的情感需求而不顾对方感受的索取，而这种索取永远没有满足的一天。这其实早已经脱离了爱的初衷，变成了控制别人的工具。所以，当对方需要有自己的独立人格和自由空间的时候，这些人就会认为对方是不爱自己了，想要逃离了，自卑心理又会让他们感受到威胁，从而加紧索取，想要对方满足自己更多欲望，以此来证明自己的人生价值，巩固自己的地位。此外，这个时候他们还会因为对方没能满足自己的心理需求而感到愤怒和失败，然后就会产生无休止的争吵。事实上，并非爱人让他们失望了，而是他们根本就没有分清何为爱，何为需要，把爱变成了一种可怕的束缚。

再次，爱是一种相互的、正向的、自由的行为。

古往今来，无数文人墨客都在竭力赞美爱情的伟大，而爱情确实拥有强大的力量。科学研究表明，处于热恋中的情侣，在自信心和社交能力等各个方面都会有明显提升，甚至连人生观、价值观也会因为爱情而不断改变，整个人的生理健康和心理健康状况也会得到明显改善。但这一切的前提都是双方在坚持自我的基础上，用自己的人格魅力来影响对方，让爱情变成两个人共同进步的最好工具。

但是，人们在初识爱情的时候，还不懂得爱和需要的区别，所以，不论是生活的烦忧还是感情的失败，都会企图在爱情上获得补偿，而不是为维护爱情付出努力。这样一来，爱情就沦为收纳负面情绪的"垃圾桶"，久而久之一定会不堪重负。

正是因为这种不健康的心态，人们开始极度地依赖爱情、依赖爱人，超过了正常范围的依赖就会变成病态的索取，一系列的怀疑、不和与相互伤害就会接踵而至。当一个人的身心都需依赖别人时，自己的独立人格和人生价值就会逐渐消失，最后演变为对爱人的憎恨。

造成这种结果的关键原因，就是爱情双方未把对方当成独立个体去相处，弗洛姆就曾说过一句很有哲理的话，他说："所谓成熟的爱，是在保有个人的完整性和个别性条件下的结合。"

爱情和婚姻本该是最纯粹的东西，但是我们往往人为地为其加上了许许多多的条条框框，而忽略了自己可能存在的两个动机：第一，借对另一半的依赖来逃避烦恼；第二，用满足自己的苛刻需求来填补内心空虚，消除自卑心理。许多恋人其实还没有足够的自信去维系好一段感情，他们选择在一起，不过是希望在彼此身上寻找庇护与安慰。将他们联系在一起的，并非两心交融的爱，而是丢失自我的相互妥协、相互利用，感情的问题往往由此产生。

许多人都希望把自己的幸福与人生完全交给另外一个人，结果却常以失望收场。这是因为很多人都没有意识到每个人都应该是完整而健康的独立个体，只有先把自己的生活过好，才能将自己的快乐和幸福分享给别人，给别人带来新的风景。否则，那就不是爱，只是控制和强加的需要而已。

所以，在人生的路上，我们要坚信幸福的存在，相信幸福就在身边，但千万不要混淆了爱与需要的界限。否则，再深的爱也会渐渐消失，再熟悉的身影也会渐渐陌生。

03

第三章

现代婚姻之"五把刀"

生命如此短暂，我们没有时间去争吵、道歉、伤心、斤斤计较。我们只有时间去爱，一切稍纵即逝。

　　——题记

1.揣测与猜疑

　　2018年初，某地区的记者曾经对该地区的离婚状况做了一次调查。他从该地区民政局离婚登记处获得相关数据，了解到该地区两个月时间内离婚案已多达157起，而其中因不信任引发的家庭危机占到了60%的比例。从我本人婚姻及两性关系的咨询经验来统计，婚姻危机由揣测与怀疑引发的概率则高达70%，下面是两则典型案例。

案例一：搜集证据证明丈夫"出轨"

我有一位客户叫阿美（化名），虽然长相一般，但温柔贤惠，因此拿下了一位帅气有才的丈夫。但由于丈夫比阿美优秀很多，所以阿美不敢相信丈夫是真的对自己忠心，常常怀疑他出轨。

为了搜集证据，阿美开始了自己的计划。首先，每天丈夫回来之后，都有意无意地问一下丈夫今天的行程，然后从手机和衣服里看能不能找到蛛丝马迹，但是丈夫并没有什么见不得人的事情。这不仅没能让阿美打消戒心，反而让她更加不安，因为在她心里，丈夫出轨已经是事实，她要做的就是把这个"野女人"找出来。

阿美感到害怕，为此她彻夜失眠，后来索性请假跟踪丈夫，整天活在猜忌疑心之中。更为可怕的是，她竟然像个侦探一样，每天把窗帘拉到固定的位置，因为她认为，一旦有别的女人进了房间，窗帘就可能改变位置。阿美每天都检查窗帘，有一天终于发现了异常，于是找到老公兴师问罪，老公说是她婆婆来收拾了一下房间，她却怎么也不信，非要老公把那个"情人"交出来。

阿美过度的疑心让丈夫感到寒心，丈夫最后萌发了离婚的念头，给了她一纸离婚协议，让阿美后悔不已。

案例二：丈夫同事成了她的"假想敌"

还有一位夫人，在年轻的时候嫁了个做生意的丈夫，后来丈夫生意做大了，在她四十岁的时候，丈夫成了大公司的董事长，她也成了董事长夫人，整天衣食无忧，日子很快活。但是自从一位年轻漂亮的女大学生进入丈夫公司后，她就开始整日坐立不安，疑神疑鬼。

自己已经人老珠黄，丈夫现在又有钱，肯定对年轻女孩有很大的兴趣。抱着这样的想法，夫人频繁对丈夫提意见，要丈夫开除这个女孩，但是丈夫得为公司考虑，所以没答应她的要求。

这可让夫人的心里翻起了滔天巨浪，她更加怀疑丈夫和女大学生之间关系不清白，于是在了解到女孩的住处之后，对其展开了监视，但还是没有找到证据。恼羞成怒之下，夫人三番五次地到女孩的家里对其进行言语侮辱，甚至动手打人，最后女孩实在不堪忍受这种骚扰，选择离开公司。

丈夫知道这件事之后十分生气，对她也越来越冷淡，本来没什么问题的婚姻，现在真的岌岌可危了。一段原本幸福的婚姻就这样走到濒临破碎的边缘。

婚姻关系是一门艺术，这门艺术的入门课就是相互信任，如果屡屡怀疑对方不忠诚，并且因此做出过分的事情，自然会将婚姻推入绝境，连入门课都学不好，更不用谈掌握婚姻的长久之道了。同时，从婚姻心理学的角度而言，我们发现，越是充满揣测与猜疑的夫妻越是对对方情真意切，可往往不管曾经的感情多么坚定，两人之间多么相爱，只要挣脱不了相互之间揣测与猜疑的束缚与折磨，最终都会走向分离。

虽然相爱，可是爱错了方式，以爱的名义来揣测与猜疑，来束缚对方，这是严重错误的行为，不论曾经多么美好的婚姻都经不起这种折磨。

即使是揣测与猜疑，也往往因爱而来，只是用错了方式，而且揣测与猜疑往往来源于以下两种心理：

一是嫉妒的心理。嫉妒这种心理往往会出现在婚姻中弱势的一方身上，因为嫉妒的内核就是不够自信。就恋爱来说，如果恋爱双方在外貌、工作等方面相差比较大，劣势一方就容易滋生出嫉妒，当然，这种嫉妒并非对恋人的嫉妒，而是对恋人身边超过自己的异性的嫉妒。所以对恋人没有安全感，疑神疑鬼，说到底是恐惧对方离开自己，但是这并不代表不爱。这是一种充满着恐惧的爱，害怕失去的爱，背后的根源就是对自己不自信，比如案例一中的阿美和案例二中的董事长夫人。

还有一种是占有的心理。其实恋爱本身是少不了占有欲的，如果没有了占有欲，爱也就不再是爱了。但是这种占有欲应该控制在一定范围之内，而有些人囿于自己的个人经历和人格修养，将"因为我爱你，所以你是我的，你的一切都必须在我的控制和界限之内"这类的歪理奉为行为准则，就会在恋爱关系处理中事与愿违。明明真的爱对方，却总是因为太在意对方和异性的交往而给对方造成巨大的心理压力，对感情造成破坏。

在夫妻二人携手度过的日子里，也许不可能没有争吵，也不可能事事都顺心如意，因为每天都是柴米油盐酱醋茶、买房、孩子上学、工作升职、赡养和照顾老人……每一件事都会让我们无形中感到焦虑。因为有压力，我们就会需要更多的"被看见"和"被懂得"。一个重要事实是"发生了什么并不重要，重要的是，对方感受到了什么"。

著名的心理咨询师武志红老师曾在他的书中分享过这样一个案例：

徐先生与徐太太已结婚十五年。两人的工作都很不错，所以没有任何经济负担，但感情反而出现了问题。他们的婚姻，第十年是一个分水岭，因为在前十年他们是处于两地分居的状态，后五年则是在一起生活的状态。

令人意外的是，前十年的两地分居没让感情出现什么问题，近五年的相伴相守反而造成了感情破裂，甚至到了要离婚的地步。不过离婚的说法，一直都是丈夫主动说出口的。

"他是不是想找碴闹离婚？"徐太太问，"就算吵得再怎么厉害，我也没说过离婚这种话啊。" 同时徐太太认为，丈夫这样找碴是因为他有了外遇，所以想和自己离婚，别人告诉她四十岁的成功男人离婚已成定律。

武志红先生这样问徐太太："你们一般为什么吵架？"

"每次都一样。"徐太太说，"都是因为我要见男同学或男同事。"

徐太太举了最近一个例子：当初，她在调动工作时，有位同学积极帮忙托关系，出了不少力，徐太太一直觉得应该好好谢谢这位同学，但是找不到机会。恰好在几个月之前，这位同学要到徐太太所在的城市出差，徐太太得知后，就想请这位同学吃顿饭，接风洗尘，也算是表达了自己的谢意。但是徐先生极力反对，两人因此大吵一架。

"他为什么这么不近情理？"徐太太问，"这位同学因为我调动的事情出了那么多力。"

"他为什么这样做？"满心疑惑的徐太太向身边的朋友倾诉与请教，却得到了"成功男人四十岁换太太"这种说法。她的朋友们纷纷让她留意自己的先生，看看徐先生是不是出轨了，有别的女人了。经过一段时间的观察，徐太太没有找到先生出轨的任何证据，但她认为这是唯一能解释他整天找麻烦的原因。

武志红先生继续问她："他不让你和异性交往，那他自己呢？"

徐太太这样回答："他对自己的要求也完全一致，倒没有推行两条标准。"徐太太说，除了必需的工作合作，徐先生几乎从来不去单独见女同学或女同事。他这样要求自己，也以此为标准要求太太。

"但我问心无愧，我绝对不会背叛我的家庭。"徐太太非常激动地说，"为什么要听他的？他的要求太没有道理。"

武志红先生问："你觉得委屈，觉得他不理解你？"

"是的，他根本不理解我，我是一个十分传统的女人，我爱家又爱他，绝不可能红杏出墙！"她又强调。

武志红先生接着问："你理解他吗？你有没有尝试去理解你的丈夫为什么会提这么不合常理的要求？"他提醒说："任何看似荒诞的事情背后，都有它深层次的原因。如果你觉得它荒诞，那很可能是因为你不理解它。"

徐太太思考了一会儿后，回忆着说道："同样的情形在去年也发生过。"当时两人吵得比这次更严重，等稍稍都冷静下来之后，他对她说："或许对你来说，这样的事情没什么。但你知不知道，对我来说，这就是拿刀子割我的心。"徐太太并未因为这句话做出什么实质性的改变，反而觉得徐先生小题大做，没有气度，对徐先生的不满又增进一分。在她心里，丈夫实在是不可理喻。

"你不相信这是丈夫生气的真正原因？"武志红先生问徐太太，"所以你还是去寻找'可以理喻'的原因？譬如'成功男人四十岁换太太'这个定律？"

"是这样，"她若有所思地说，"我错了吗？我问心无愧啊，他也说他知道我忠诚。"

"什么是事实呢？"武志红先生接着说，"你所谈到的事实只是你眼中的事实。而对他来讲，事实是'拿刀子割我的心'。"

这句话让徐太太彻底陷入了沉思。

"发生了什么并不重要，重要的是一个人内心的感受。"武志红先生继续说下去，"感受远比所谓的事实更重要，而在家庭中，理解并接受彼此的感受是最重要的。"武志红先生综合种种因素，劝徐太太找到两人内心的真实感受，相互交流。或许，"成功男人四十岁换太太"是一个普遍现象，但并不一定会发生。

与其去纠结这件事是不是一定会发生，不如去找寻内心的真实感受，然后解决问题，得到自己想要的结果。

武志红先生总是不厌其烦地去强调沟通的重要性，他让徐太太尝试再次与丈夫沟通，如果能够有效沟通，两人会大大加深对于对方内心感受的理解，这样一来，都会给对方更多的信任和宽容，也就不会再因为徐太太要见男性朋友而吵架了。如果实在做不到有效沟通，可以通过心理医生的调解来达到目的。

武老师书中提到的这个案例在现实生活中也很常见，夫妻经常吵架，而每次吵架都是同一个理由，这也是导致婚姻危机最真实的原因。很多时候，夫妻双方都忽略了内在的感受，而想方设法去寻求外因，其实真正的原因就在对方的内心体验里。比如，案例中的丈夫已经很明白地说出了自己内心的感受："拿刀子割我的心"。

配偶发自肺腑的声音是非常沉痛的，但往往在实际生活中，很容易被认为是气话而被忽视。夫妻中的一方执着于自己的看法和理念，或者说自己认为的观点，如同这个案例中徐太太的"成功男人四十岁换太太是社会定律"，认为事实比感受更真实，婚姻就会陷入质疑危机。

从婚姻心理近千例案例中我们发现，如果心生疑惑的一方找不到事实，就会去揣测出一个事实，于是便产生了猜疑与不信任。幸福婚姻的要领之一：发生了什么不重要，关键是我们要注重和相信对方的感受，感受比事实更重要，心情比事情更重要。当我们不知道是什么导致了双方的争吵与矛盾，最好的方法是坐下来聆听对方的感受，向自己、向对方寻求真正的原因，而不是盲目地去揣测我们自以为的"真正的原因"。

人生中最幸福的事情是什么？

　　我相信遇到一位能与自己和谐相处、相依相携共度一生的伴侣，是人生最幸福的际遇之一。但婚姻中的分歧和争吵是难以避免的，好的婚姻需要更多的沟通，"疑心生暗鬼"，千万别让自己去任意猜测。美国著名作家马克·吐温回顾自己的一生时，他写道："生命如此短暂，我们没有时间去争吵、道歉、伤心、斤斤计较。我们只有时间去爱，一切稍纵即逝。"

真正成熟的人，不轻易指责别人；真正和谐的婚姻，不轻易评价配偶；真正智慧的夫妻，懂得用倾诉、聆听的方式来交流感受，而不会一味地评价和指责。

——题记

2.评价与指责

在很多婚姻问题的咨询中，我们发现总有一方（以男性居多）会痛苦地向我们抱怨："她老是评价我，抨击我在各方面不行，严重挫伤我的自尊，也伤害了我的感情。"

这种现象尤其是在一方弱一方强，或者一方内向一方外向的婚姻中居多。其实评价也是婚姻大忌之一。

评价包括夸奖赞美和抨击指责，但不论是哪一种，都是错误地站在自己的立场上去思考对方的问题，这是为了掌控一切，而不是为了解决问题。

自己是唯一的主体，对方是客体，自己处于控制和压制别人的立场，传递的就是批评。

所有人都多多少少会讨厌亲密关系的对象这样对自己进行评价。

曾有咨询师接触过这样的案例：

王太太和丈夫都是三十出头，现在工作稳定，还有一个孩子，本来应该家庭圆满，但是两人的婚姻出现了很大的问题。夫妻之间既不愿意说话交流，也不愿意做爱，更可怕的是，两人彼此不愿意接触的日子已经持续了一年有余。王先生用一个例子来说明自己的困扰。有一次公司要提拔管理人员，自己也被提名。有机会进入管理层，王先生很高兴，回家后兴冲冲地把这件事告诉了妻子，但是妻子一句话直接把他噎死了："行了吧你，就你这低情商和差人缘，不被开除已经不错了。"

王先生当场发飙，对着妻子怒吼："你是神经病吧！您凭什么说我情商低，说我人缘不好？"说完也不管妻子的反应，直接进房间反锁上门。这下王太太也发飙了："你凭什么骂我？我绝对不会放过你！"王太太进不去房间，只能站在门外，像泼妇骂街一样骂到深夜才肯罢休。

在咨询室里，王先生说："这种情况不是一次两次了，她就喜欢在我没说完的时候打岔。"

"这个时候，你有什么感受？"

"郁闷、恼火，觉得她不理解我，不可理喻，最后干脆就不和她说话。"

"用不说话惩罚太太？"

"是的，我知道这是一种冷虐待。"

"不说话，但是你很有情绪。"

"是的，"王先生说，"我很愤怒。每次她打断我的话，我都感到愤怒。"

"知道我为什么打断他吗？"听到这里，王太太激动地说，"他说话总是又幼稚又不成熟。等他把废话说完？哪有这种道理？我常给他讲做人的道理，但他都当耳旁风，然后在工作上屡屡受教训。"她说："你说，我多着急？"

"你了解我吗？你怎么知道我就升不了职？"王先生问。

"你和我都处不来，你的人缘能好吗？"王太太觉得自己是他的妻子，所以已经足够了解他，总是按照自己的想法去思考问题，按照丈夫在自己眼里的优点缺点去给他规划人生，讲讲道理，断定他升不了职也是基于这种思想。王太太还说："何况，我比你优秀，自然比你懂的东西多，为什么不能教你怎么做？"

"但你知不知道——"王先生说，"其实，早在几个月前，我们全部门就我一人升职了。"

"啊……"太太瞠目结舌，"那……那你为什么不告诉我？"

"我一开始知道升职机会很难得。"王先生说，"我回家告诉你，只是为了和你一起分享开心的感觉，但你的指责让我觉得像是吃了一只苍蝇。"

王先生的说法让妻子感到很惊讶。其实王太太犯了一个最明显的错误：她太爱评价，并且偏爱批评。这样就会导致两人的交流很难进行下去，因为丈夫的本意只是分享快乐，但是太太用评价来伤害丈夫，自然会阻碍有效沟通。

当然，喜欢评价这个毛病也不一定完全怪自己。因为有些人在童年的时候，不论做什么事情，父母的态度永远都是"你听我的"或者"你必须"，然后孩子就继承了父母的这种交流方式，对待恋人的时候也开始以评价的口吻说话，把两人的亲密关系破坏掉，关系一旦僵硬起来，交流就再也进行不下去了。这也是很多感情因为恋人的频繁评价而遭遇挫折的原因。

虽然说王太太这种评价的做法，本意也是想解决问题，想帮助丈夫过得更好一些，让两人能拥有更好的发展，这个思路没问题，但是这种做法是不对的。因为不管做什么，有效沟通才是前提，而有效沟通最重要的一点就是注重对方的心理感受。

所以，在亲密关系中，婚姻幸福的技巧往往在于关注配偶的心情要多于关注配偶遇到的事情，相信他本身就有解决问题的能力。很多时候对方并不需要你来解决问题，只是需要交流感受和分享此刻的心情，希望自己此时此刻的感受，不论是烦恼、开心或痛苦都被重要的人听到。

可在实际生活中，当配偶诉苦时，我们往往不自觉地给对方出主意，因为我们容易认为，配偶遇到了问题，需要我们帮助解决问题，而且在某种潜意识中认为自己在这方面能力高于对方，所以当对方拒绝接受的时候还会火冒三丈，于是冲突争吵不断产生。直到配偶有一天对你连任何诉苦的欲望都没有的时候，婚姻也走向了尽头。

有一位著名的心理学家叫徐浩渊，她在夫妻心理学研究上很有成就，在她的作品《我们都有心理伤痕》中，用夫妻对话的形式探讨过夫妻心理：

妻：今天半天就接待了好几批客户，实在是太累了，最后那个女人真的是要求多，让人讨厌。

夫：别理她，跟那种人生气，不值得。（提建议）

妻：那哪儿行啊！顾客是上帝，是我的衣食父母！（觉得丈夫不理解她，十分烦躁）

夫：那就换个活儿呗！（接着提建议）

妻：你真是站着说话不腰疼，活是累点，但是钱多啊，要是都像你一样每个月拿三千多块钱，做得是轻松了，但是我们连家都养不起了。孩子马上就上大学了，难道不花钱吗？（丈夫只会瞎提意见，根本就不理解自己，所以很委屈）

夫：嘿，你这个人怎么不识好歹？人家想帮帮你，怎么冲我来了？（也开始生气了）

妻：帮我？你这算哪门子帮我呀？你要真想帮我，就也和人家一样，每月给我挣个几万块钱回来再说。

夫：看着别人好，去和他过！不就是那几个臭钱吗？有什么了不起？

丈夫和妻子在这次的沟通中都有问题，丈夫的问题更大，他不该急于向妻子提建议，因为这个时候妻子需要的只是他的安慰和理解，而不是教她怎么做。如果丈夫能先倾听，放弃"解决问题"的意识，那就会是另外一种情形。

妻：今天半天就接待了好几批客户，实在是太累了，最后那个女人真的是要求多，让人讨厌。

夫：大热天的，再遇上个不懂事的顾客是够呛。来来来，坐下来，你喜欢的酸梅汤早放冰箱里了，现在刚刚好，来尝尝。（先对她的遭遇与感受表示理解，然后端来她喜欢的酸梅汤，让她知道，丈夫始终是关心她的）

妻：没办法呀，谁让咱孩子就要上大学了呢？为了这个家呀，我还是得撑下去。（丈夫的关心让她情绪有所缓和，接着继续刚才的话题）

夫：唉，亲爱的，你真的辛苦了，这些年经济重担都压在你身上，我每个月钱也不多，只能在背后默默支持你。（表示接受）

妻：你也别这么说，毕竟家庭本就需要分工，我虽然挣的钱多一点，但是家务事和教育孩子的任务还不都是你担着的。唉，我们都不容易。（感受到了接受，也回报接受）哎，厨房里烧什么哪？这么香！

夫：红烧狮子头。（得意地笑，然后喊孩子一起出来吃饭）

前面一种交流方式是两个人都不理解对方要什么，丈夫和妻子的目标不一致，所以产生了各种误解。后面一种交流方式是基于双方都理解对方想要的是什么，所以才能相互理解和接受。在轻松温馨的氛围中，双方很自然地消除了工作中的烦恼，这是成功的交流。

所以，徐浩渊博士这个案例告诉我们，幸福的婚姻其实是需要智慧和悟性来经营的，尤其需要注意沟通的技巧，观察对方真正所需，聆听对方此时的表达。你会发现对方当下最需要的是和自己最亲爱的人来交流感受，而不是希望听到你自以为是的评价。

心理学家研究发现，在亲密关系中喜欢评价和指责他人的人，在生活中也往往喜欢指责与评价他人，他们在内心深处其实是自我价值感低的人。追溯原因，往往是在童年缺乏关爱与关注，缺乏温暖与呵护。这些情感的匮乏，形成了他们的心理坑洞。这些坑洞里面装满了他们被缺乏技巧的评价甚至指责伤害过后产生的负面情绪，而这些情绪严重影响了他们对于自己人生价值的看法。

试想，当一个人没有被尊重、被关怀、被温暖对待的体验，他又从哪里去习得用爱与关怀去温暖他人？而当他遭遇困境或者心情抑郁时，他就会不由自主地把自己曾经经历过的负面情感投射给身边的人。一个连什么是爱都不懂得的人，怎么会懂得如何去爱对方，去经营好良好的亲密关系呢？

事实上，我们所习惯的指责和评价，并非是站在一个客观角度进行的评价，而是带有控制意味的、不完全符合自己本意的评价。这种评价对于亲密关系的形成是一个很大的阻力，因为它创造的环境永远都是对我们自己不利的。

当我们指责或者评价别人的时候，是不是应该想一下自己的问题呢？适度的评判毫无疑问是有好处的，但是如果太过频繁地进行评价的话，基本上相当于在用这种方式来满足自己的人生价值感，再深入一点来说，就是通过放大别人的缺点而忽略别人的优点来逃避真实的自己。

那么，应该怎么做才能避免这种情况呢？我们只需要在评价别人的时候，想清楚自己做出评价的真正原因，看清真实的自己，从心底里接受自己，就能慢慢建立起爱自己的能力。这样一来，不管我们做什么事情，都是用充满爱的心态去做的，自然会更多地选择付出而不是索取，我们就不会过多地关注外面，也不会通过频繁评价对方来获得满足感。

真正有力量的人是不会轻易地批评和指责别人的。这种力量不是指身体的力量，而是指内心的力量，内心的力量来源于一个人对实现自我的渴望程度，表现出来就是和事物的亲密程度。真正成熟的人，不轻易指责别人；真正和谐的婚姻，不轻易评价配偶；真正智慧的夫妻，懂得用聆听等多种方式来交流感受，而不是一味地评价和抨击。

从心理学上讲，一个只看到他人缺点的人，其实是怀揣过度的自我保护心理的人。不敢面对别人对自己缺点的指责，还堂而皇之地以"为你好"为借口去评价他人，但实际上只不过是为了获得心理上的优越感而已。当然，这和每个人的成长轨迹相关，但如果带着这种心理状态走进婚姻，无论多么甜蜜的爱情都会变得不堪一击。

在两性关系中，越是朝夕相处，越要懂得尊重和欣赏彼此，尤其对于男人而言，希望被女人尊重和认可甚至推崇的情感会格外强烈。如果这时候女人评价指责、抨击否定他，男人的自尊感就会被践踏，没有多少男人能忍受这样的婚姻太久，两人也必然走向分离，反之，女人如果受到这种待遇，也同样会对婚姻无法忍受。

　　数据分析也表明，夫妻双方往往是在对方的欣赏和激励中成长，而在评价和指责中退败。

　　幸福的婚姻之所以长久，很多时候在于双方注重交流感受。智慧的女人是懂得在婚姻中放下"自以为是"的种种"聪明"和"能干"，时刻把欣赏的眼光投向对方，让对方成为那个能为自己遮风挡雨、真正强大的人。而睿智的男人同样也是懂得放下"绝对权威"与"强势"，时时刻刻尊重妻子，理解妻子，让妻子不被家庭过分束缚的人。

　　职场和家庭是两个不同的世界，我们所处的角色也是不同的，工作中的权力规则不能带回家。

　　——题记

3.带回家的权力规则

　　家是什么？

　　有人说，家是柴米油盐酱醋茶的生活琐事，是琴棋书画诗酒花的高雅情事，是雨中的归人，是每一个相伴的黄昏清晨。

　　也有人说，家是容纳一切情感的收容所，是避风遮雨的港湾。

　　如果你问我，对于家最重要的定义是什么？我会说：家，是最不讲道理的地方。因为家是讲爱的地方，代表的是温暖、放松、舒适，在这里没有那么多"道理"，更没有高高在上的权力与冰冷的规则。

　　为什么我会这么回答，因为当下很多家庭都存在这样的问题：夫妻之间有一方将职场模式带回了家，把权力规则带回了家，而且在家里要对方服从这个规则。这正是当下很多婚姻问题的导火索。

案例一：

刚步入职场的大学生小林说，前段时间和自己的领导聊天，聊着聊着就聊起离婚一事。

领导：身边的很多同僚，官做得大了，家庭生活却不如意了，离婚的都有一大堆，没有离婚但已经貌合神离的更不知有多少。已经离婚了的，也不打算再结婚了，觉得婚姻生活太累。

小林十分不解，于是追问起了缘由。

领导无奈地笑：官越做越大，手里的权力也越来越大，不自觉地就把当领导的这一套带回了家里，家人自然看不顺眼啊，于是吵架，吵多了也就把感情给消磨殆尽了，最后只能离婚……小林苦笑，接着他想起自己的父亲和母亲。

小林父亲的职位虽然没有眼前的领导这么高，但是手底下多少也管着十来号人，在工作中指挥惯了，回家了也喜欢指挥，还是以一种不容置疑的态度——事无巨细，他都要发表自己的看法，还要强求别人一定按照他的想法做事情。如果证明他错了，他也会找到各种理由为自己开脱，拒不认错，如果对方继续跟他辩解，他会因此恼羞成怒，大发雷霆。那时候小林还是个孩子，自然不懂得这些东西，所以也就跟着母亲一起忍了下来。长大了，发现父亲老了还那样，看到忍气吞声的母亲，经常为她感到不值，他看到父亲也不太舒服，所以从大学开始，他就很少回家，家成了记忆中的摆设。

案例二：

我有一个朋友A，在公司负责文案工作。他妻子C学的是管理学，且在国外深造多年，回国没多久就坐上了外企高管的职位。但是，妻子也养成了——凡事皆以理性为荣，以感性为耻；以解决问题为荣，以退让软化为耻——的习惯。

妻子一直秉承着这一套做事方法，在工作中表现优异，受到不少人的好评，然后妻子觉得，这样的做法不管在哪里都适用，于是把它们带回了家里。

A说，妻子简直是一个"暴君"，只要是自己不喜欢的，一概要他改变，根本不问他的想法，认为他不好的做法也都会发声。

她在意的只有丈夫是不是自己想要的样子，一旦不是，就按照自己的想法来逼着他改，完全不在乎A的感受。而一直从事文字工作的A，性格比较随性散漫，与妻子"非此即彼"的理念完全不相容。刚开始，妻子还容忍他，后来忍不下去了，就开始对他各种指责。

A说，他知道妻子说得都对，但是他也不觉得自己的生活方式有什么大问题。为什么妻子一定要俩人完全一致？他真的接受不了妻子的这种强势。

最终，婚姻在A看来只剩下俩字：憋屈。这透露了他对婚姻无尽的失望。

著名心理咨询师武志红老师曾指出："其实对于一个人的关系来说，可以分成两部分——个人领域和社会领域。个人领域包括配偶、亲人、知己，最典型的是家；社会领域包括同事、同学、同乡等，最典型的是工作。"他进一步分析："工作中的规则是权力，其运作机制是竞争与合作、控制与征服。家中的规则是珍惜，能抵达珍惜的途径是理解和接受。如果不明白工作与家的分野，而将权力规则带回家，那就形成一种'权力的污染'，会引出很多问题。"但是，在现实生活中，经常有人把权力规则带回家，在家人面前也颐指气使、呼来喝去，让原本应该温馨和睦的家庭遭到了"权力的污染"。为什么会这样呢？这个跟我们整个社会对"成功"的世俗定义有关，也与社会流行的成功崇拜分不开。在这样的社会氛围下，如果没有清醒的头脑，无论是不是世俗意义上的"成功人士"，都很容易忽视珍惜的规则，而过于看重权力规则，甚至把权力规则作为自己人生的衡量标准。

权力规则固然会让人容易在社会领域取得成就，但一旦让它渗入个人领域，让权力规则污染自己的个人领域，就会对亲密关系造成极大的伤害。

从来都没有理所当然的幸福，我们尊重自己社会角色的同时，也要明白，家庭不是职场或者商场，家是一个需要花心血好好经营的地方，工作与家庭各自有自己的规则与系统，切忌把工作模式与工作情绪以及权力规则带回家。

我们可以看出，以上例子中小林的父亲，以及朋友的妻子C，都有一个共同点，就是把"权力"带到家里。这种权力在工作中是十分合适的，因为工作本就是以竞争为基本运作规则的，所以使用权力并无不妥，但是家不一样，家需要的是温情和沟通，而绝不是使用权力的颐指气使。如果在家里还像在公司一样，那就会生出许多事端来。

其实不仅仅是领导，就算是一个普通得不能再普通的公司员工，也不应该把面对工作的心态和做法带进家庭，不管有权无权，都不能对家庭生活的纯粹和温馨造成干扰。

很多影视剧中都有一个比较温馨的场景，事业不顺、遭遇挫折的父亲或母亲，闷着头满怀心事地走到家门口，整理一下衣服，洗洗脸，让自己看起来精神点，然后调整表情和心情，最后才面带微笑地敲开家门。

是的，那扇门就是一个分界点，就是一道屏障。

在屏障的这一边，是追求事业丰收的广阔天地，规则是胜者为王；

在屏障的那一边，是充满温馨和快乐的舒适小屋，规则只有一个，就是相爱相伴。

会经营家庭的人应当如此：工作上当机立断、攻城略地、策马扬鞭，家庭中温情脉脉、举案齐眉、其乐融融。

一些心理咨询师也提出了如何避免将职场模式和权力规则带回家的解决之道，总结一下有如下几点：一是在心理上要把二者明确分开，时刻告诫自己，这两个地点要分开来看，不能一概而论。二是不要把工作作风带回家。工作可以拿回家来做，但是工作模式不能套用在家庭事务上。三是保持整个家庭系统的平等。在工作中，必然会有领导，在家庭中却不需要领导，需要的只是能够让人信任依赖的"一家之主"，但在沟通中应该相互尊重。四是让珍惜成为家庭主旋律。工作中，与同事的关系是利益关系，而工作的目标也是为了解决问题。家庭中，主要的服务对象变成了家人的感受，目标是让家人都能感觉到温馨和睦，为此就要做到相互理解和接受，相互关爱，共同打造心灵的港湾。

一旦把家庭和工作混为一谈，后果将是十分严重的，家人可能个个都忧心忡忡，然后整个家庭也就可能分崩离析了。那么，是不是就不让孩子了解我们的工作呢？这跟之前我们提到的让孩子看到父母的工作是不是矛盾呢？当然不是。孩子需要的是了解父母工作的辛苦，然后懂得感恩和报答，而不是你用自己的行为来告诉他们什么是残酷的工作规则。

研究表明：在工作上成就不大的那些人，反而更容易把家庭和工作混为一谈，用工作的那一套影响家庭，因为这些人对权力有更大的欲望，但是在工作中总是无法实现这种欲望，所以只能在家里向家人行使所谓的"权力"，以此来获得心理平衡，极端者可能还会出现家暴等控制欲过激的行为。

请记住：工作就是工作，家庭就是家庭，在地点上可以有重合，但是在心态和氛围上，一定要做到泾渭分明——

经营事业，以理性为要，因为利益为重。

经营家庭，以包容为要，因为和谐第一。

如果我们把事业和家庭都比喻成船的话，那它们一定是完全不同的两艘船。

事业这艘船，行驶的地方应该更大更广，应该南征北战，不害怕失败，勇往直前，征服越来越宽广的海域。

家庭这艘船，则应该由所有家人一起共同掌舵，在欢声笑语中优哉游哉地向前划去，充满温馨和包容。哪怕事业的小船跑得再远、征服的地方再大，也不能往家庭这艘船上生搬硬套。

现代社会多少女人为了孩子成为全职妈妈，本以为是一份被尊重的牺牲，却在很多时候成为被践踏的角色，这已经开始成为社会问题。

——题记

4.看不到的价值

前段时间，网上一个视频疯传，那是一段张娜拉演绎的全职妈妈的日常视频，对话全程使用的都是韩语，没有一句中文，却让很多全职母亲感同身受。因为那些情节就是这些全职妈妈日常生活的真实写照，就是所有在家一个人带娃的妈妈的日常，多少妈妈就像张娜拉演绎的这个妈妈一样，为了带娃放弃了自己的生活，一天到晚忙得像个陀螺，吃饭上厕所的时间都没有。晚上孩子生病发烧了，跟老公打电话却不接，只能一个人往医院跑，等到医生为孩子挂上吊瓶的时候，才发现自己脚上穿着两只不同的鞋子，望着正在打吊瓶的孩子，她知道这又是一个不眠之夜……

同样的画面，同样的经历，同样的辛酸。作为妈妈，作为妻子，在这个视频中，除了照顾孩子的各种辛苦让我感同身受，还有一个情节就是夜里她一个人手忙脚乱地把发烧生病的孩子送到医院的时候，张娜拉打电话给那个把家里所有事都扔给她、这个点还未回来的丈夫，丈夫只是回了一条短信，意思是还在忙没有时间。张娜拉靠着墙蹲下来，泪水止不住往下掉，我的泪水也瞬间决堤……我不懂韩文，不知道这个一直缺位的丈夫是不是在短信中还有类似"你又不需要赚钱，只是在家照顾个孩子都做不好，我在外面压力有多大……"的话语，但从女主角哗哗流淌的泪水中，我似乎可以看出这份被否认的委屈，至少这个丈夫对妻子连一句"辛苦了"的安慰话语都没有……

这个视频只有短短几分钟，全程没有一句中文，却在国内疯传。因为太贴近现实，引起了无数妈妈的共鸣，也折射出当下中国社会家庭关系的一个严重问题：很多在家带娃的全职妈妈，不仅有照顾孩子的"身累"，更有不被认可和不被看见的"心累"！而后面这个"累"是真正的累，有时候它会是夫妻关系的真正杀手，甚至可能会导致婚姻破裂。

我曾在网上看到这样一个"离婚女子的忠告"的帖子：

帖子作者结婚之前的人生道路可谓顺风顺水，她先是靠自己的努力考上了名校研究生，然后一毕业就找到了一份待遇优厚的工作，成为众人羡慕的对象。凭借着出色的工作能力，她很快在工作中做出了成绩。那位作者对自己的生活状态很满意，她感觉已经实现了自己的人生价值。

可婚后这一切都变了。

婚姻中，经济基础决定了家庭的话语权，她从不相信什么"男人负责赚钱养家，女人负责貌美如花"的理论。如果没有工作，那生活该是多么无聊。

可是，一切在她生下女儿后改变了。因为两人工作都太忙，孩子经常得不到尽心的照顾，跟父母相处的时间实在太少了，丈夫提出要她辞职在家照顾孩子，她也的确想多陪陪孩子，所以同意了丈夫的提议。她离开了坚持七年的岗位，回归了家庭。

当起全职太太之后，陪伴孩子的时间多了很多，但是问题也接着到来。工作的时候虽然累，可是需要操心的事情没有多少，而现在所有的生活琐事都得自己一个人来操心，洗衣、做饭、打扫卫生，一件事都少不了，整个家庭生活仿佛成了她一个人的负担。繁忙的日子里，各种辛酸苦辣真是说也说不完，一点也不比工作的时候轻松，她甚至感觉还不如工作的时候自由。

更可怕的是，身累以外，她的辛苦和价值根本不被认可。因为在家里照顾孩子，没有工作，她反倒成了遭人嫌弃的多余的人，不管再怎么辛苦去做好家务事，也得不到一句宽慰和理解，有的只是冷脸相对。

比如，当她累得喘不过气来时，还要听婆婆抱怨："你又不用上班，多做点也是应该的，不然这个家要你做什么？"比如，当她向老公抱怨，他却对她说："你是身在福中不知福，多少人希望能像你这样天天待在家里玩还做不到呢！"

还有一个更加严重的问题，自从不上班之后，她就失去了自由支配家庭财产的权力，不管做什么，都只能像做贼一样偷偷摸摸地花钱，丈夫和婆婆总是指责她钱用多了，说丈夫是唯一的经济来源，她应该学会勤俭持家。她不仅要整天看人脸色，还得不到应有的支持，渐渐地和朋友们的联系也淡了，人也因为忙碌和忧心日渐憔悴。

她每天像个蓬头垢面的黄脸婆，丈夫更加看不起她，对她从来没有安慰，没有嘘寒问暖，似乎那种照顾家庭的辛苦和他在外打拼相比，根本不值一提。最后，丈夫彻底厌烦了对自己已经没有任何吸引力的她，与另外一个女人有了婚外情，对她的态度更加冷漠恶劣。

这个时候她才终于看清了现实，毅然和丈夫离婚，重新去寻找自己的路。再次参加工作的她，很快凭借着出色的能力，又将生活过得滋润起来。

还有一部非常火的电视剧《我的前半生》，里面有段台词让我印象深刻：

"气也解了，门也摔了，走也走了，那接下来呢？我拿什么扳回这一局？我连起码的自尊都没有，这一场赌局是陈俊生拉我进来的，本钱是他给的，现在他要把我踢出局，我拿什么留在赌桌上？"

以上就是在电视剧中，罗子君得知丈夫出轨并打算跟自己离婚后所道出的残酷的现实。最令人伤心的是，当她问陈俊生为什么时，陈俊生冷冷地反问她："你生活得有意义吗？"一句话，就否定了她的全部付出。

正是因为太过现实，所以这段台词在全职太太的圈子里引起了热烈反响，大家都对此感触颇深，在北京海淀区居住的晓红就是其中之一。

晓红做全职太太已经有一年了。在这一年的时间里，她每天的生活就是洗衣、做饭、带孩子以及无数繁杂的家务事。而经济大权则已经完全掌握在丈夫的手里，她每月只有一笔固定开销，除此之外对家庭经济大权再无发言权。

"看的虽然是电视剧，但是我感觉就是在看现在与未来的自己。我在想，如果继续这样做全职太太，将来的某一天，丈夫不爱我了，或者家庭出现状况了，是不是自己的一生也就完了，什么都不会剩下？"晓红因此十分担心自己未来的遭遇，对现在的选择产生了怀疑。

晓红认为，全职太太一直没能得到应有的尊重和爱护，中国社会对全职太太普遍存在一种误解，即认为全职太太很轻松，什么都不用操心。

然而事实是，全职太太的工作量并不比丈夫小，既要做保姆还要做厨师，全天必须随叫随到，几乎没有自己的自由时间。而这样高强度的工作，却并不被家人和社会认可。

问题的症结在此，丈夫由于嫌弃在家全职带娃的老婆，出轨离婚的比比皆是，很多时候家人的态度也都一边倒，认为在外打拼的男人最辛苦，而在家里带娃的女人最清闲。可是，女人的辛苦却是男人的数倍，而且不被他人认可。

曾有一个新闻报道，国外有一名妻子将自己一天24小时的生活剪辑成短视频给一直嫌弃自己的丈夫看，结果这名丈夫哑口无言，他发现妻子每天的生活几乎从早到晚都是没有休息的，而自己却浑然不知。曾经有个公司做过一个调查，问全职太太如要计算薪水的话，应该是多少？一时间大家都难以衡量，有人说至少几十万甚至上百万。然后又问如果让你和全职在家的妻子调换工作，你是否愿意？结果如此高薪下却很少有男同胞表示同意。

原来，他们不是不知道辛苦，而是选择了视而不见，选择了不尊重这份付出的价值。

这就是很多家庭的问题，也是整个社会需要改变的认知，提高对全职妈妈价值的认可，让全职母亲得到尊重！

如果这一点得不到改变的话，婚姻里女性的幸福感将不断降低，婚姻里的冲突和危机将增加，因这个问题离婚的比率会继续上升。近些年发生了好几例全职妈妈自杀的痛心案例，更说明了问题的严重性：

早两年，湘潭有位三十多岁的全职妈妈留下遗书，带着两个年幼的孩子一起跳楼自杀，遗书中诉说的是种种不被认可的心酸。

遗书字字带着血与泪，我不相信她的丈夫或婆婆平时没有察觉到，但是他们选择了漠视，选择了指责和抨击……那一跳，是多少心酸、多少愤恨的爆发……

其实，这原本只是夫妻之间的问题，最终却让两个年幼的孩子承受了他们最可悲的结果！

今天，笔者借写中国婚姻家庭的问题，写下了全职妈妈这个群体在中国社会中不被认可的问题，这是中国式婚姻里最容易出现的问题，也是影响中国社会下一代成长的问题。所以，让我们记住：妈妈这个角色，无论何时，她永远是最应该被尊重的角色！

　　出轨只是不幸婚姻的外在形式而已，隐藏在出轨背后的原因才是真正的"杀手"，而这个"杀手"却往往来自童年。

　　——题记

5.出轨之"殇"

（1）为何要出轨

关于现代社会男女出轨情况的调查，曾有一组来自美联社的惊人数据：

　　在情侣与夫妻关系中，至少出轨过一次的男性和女性都超过50%。

　　超过40%的夫妻中，有一方或双方承认有过身体或精神出轨。

　　14%的已婚男女和同事发生过性关系，35%的已婚男女承认曾在出差时发生过外遇。

　　假如可以永远不被发现，超过70%的男性表示一定会出轨，超过64%的女性表示一定会出轨。

一段婚外情的平均持续时间是两年。

在婚外情被揭露后，仍有超过30%的婚姻维持下来。

在20世纪的时候，出轨这件事简直就像是稀世奇闻一样，会引来很多人的注意，但是现在，这件事仿佛成了一种普遍的社会现象，再也没有人会觉得有多奇怪或者有多不可理解了。之所以说出轨是砍向幸福婚姻的"刀"，是因为婚姻中一方的出轨给另一方造成的心灵伤害是巨大的，有时甚至是致命的，从我们目前接受的离婚咨询来说，因出轨带来的离婚率高达4%。

另外，出轨这件事是不分年龄和阶层的，不管有钱没钱，是二十多岁还是四十多岁，都发生过婚外情。其实，现代社会的结婚成本还是很高的，买房、彩礼、婚礼等，结个婚越来越不容易，而出轨率却在不断增长，实在让人惊讶和不解。当然这有几方面的原因：一是婚姻的旧观念发生了变化，女性地位提高，不再是过去的男权至上、女人必须三从四德的时代了。当对婚姻不满时，向外求索似乎成了一种本能的选择。在观念变得更加自由开放的情况下，人们更加在意自己的人格自由，所以在一段婚姻中，如果得不到自己想要的东西，就会试图从别处寻求，但是很多客观因素让两人无法结束婚姻，所以才会选择婚内出轨。

二是婚姻没有可靠的基础。现代社会，有太多的年轻人对待婚姻太过草率，在彼此还不了解对方的性格、家庭等诸多因素的情况下，就选择了结婚。更有甚者认识不到一个月就领证的，这样的婚姻怎么可能有责任感的束缚？再高的楼也得打好地基后才能放心地建造，地基都不稳的话，房子又怎么能建得高、建得牢呢？这是一个自由的时代不假，年轻男孩女孩们崇尚婚姻自由也同样无可厚非，但是自由不代表没有责任，我们既然成年，就得为自己做的事情负责。所以一旦选择结婚，就要为婚姻承担起相应的责任。如果没做好准备，就不要急着结婚，因为结婚不仅仅是一个仪式。很多人考虑自身年龄和情况后，在家人的影响下，随便找个人就结婚了。这样的婚姻多半是凑合，凑合一时还行，时间一长就会出现各种问题，这个时候出轨的概率自然就大大增加。

三是婚后经营不善。结婚这件事说简单也简单，无非就是领个证、办个酒席就行了，但是说难也难，因为婚姻是要用一辈子去经营的，能做好的本就不多，能坚持的更是少之又少。怎么样才能觉得婚姻幸福？要感受到对方的爱才行。而要感受到对方的爱，首先要让对方感受到你对他的爱，因此在婚姻中需要具有一定的仪式感，用或浪漫或温馨的行为来表达自己对伴侣的爱，来给伴侣想要的幸福的感觉。你们现在还会拥抱吗？你们多久没有接吻了？有多久没有深入地聊天了？现在的婚姻模式都是各忙各的，时间长了自然也就名存实亡了。婚后经营不善也是导致出轨的杀手之一。

四是对婚姻的责任没有清晰的认识。传统理念中人们奉行的是"一生一世一双人"，而现代人在婚姻中更多的是各取所需，索取远大于自身付出，这是对婚姻毫无敬畏之心的体现。另外，在婚姻出现问题时，过去的人们想的都是解决问题，而现在的人们想的是，出问题了就是不合适，或者出问题了再找新的人，去继续构建自己的理想爱情和理想婚姻。这样一来，婚姻的约束力就完全不存在了，对待婚姻的敬畏心和责任感自然也就少之又少，那么在婚姻中选择出轨也就不难理解了。毕竟一旦出现问题，双方首先想到的不是解决它，而是重新寻找。

另外，调查数据表明：男性比女性更容易发生外遇。这是一个很奇怪的现象。在找我咨询的人中，男性大多是由于在多个女性之间无法做出选择导致种种痛苦，而女性则要坚定得多，她们咨询的往往都是关于与固定的一个人是否应该在一起的问题。据调查，男女外遇的比例可高达5：1。

男人因性而情，女人因情而性。最近一项实证研究指出：在发生外遇的男性中，大概有40%都是奔着生理冲动去的，在情感上并不存在出轨行为。同时，只有11%的女性外遇时没有感情的投入。女性和男性出轨一般会有很大的区别，这表现在，男性出轨可以做到只谈性不谈情，哪怕是事情被发现了，也能做到冷静沉着地思考问题，然后大多会选择回到原配身边。而女性却刚好相反，女性一旦和对方有了身体上的关系之后，很可能已经爱上对方，然后会全身心地投入进去，再想往回收就很难了。何况妻子出轨和丈夫出轨，在外界看来似乎总是前者更难让人接受一些。女性外遇的动机是情多于性，而男性则是性多于情，男性在出轨之后容易收心、容易放下，而女性发生外遇之后一般很难再轻易放下。这也是我们在新闻中经常看到女性被骗财骗色的原因。因此，笔者认为，从某种程度上来说，出轨只是造成不幸婚姻的外在形式而已，隐藏在出轨背后的原因才是真正的"杀手"，而这个"杀手"往往来自童年。

在某本心理畅销书上有这样一个案例：

朱强在一个清闲的单位上班，他的老婆是跑业务的，工作比较忙，经常要出差。老婆不在的时候，他总感觉心里很空，于是他便报名去健身房健身。一来二去，跟美女教练擦出了火花。老婆发现朱强经常背着她在卫生间偷偷摸摸打电话，他手机上也老是接到一些莫名的暧昧短信，甚至对她的态度都冷淡了很多，最后在老婆的搜查下，他搞外遇的事情暴露了。

朱强在老婆面前下跪磕头，道歉并发誓再也不会发生这样的事情。老婆反思自己可能对朱强关心不够，于是尽量减少出差的次数，多在家陪他，以增进夫妻感情。可是，事情过去了半年多，朱强又与初恋情人联系上了。这次无论朱强怎么说，老婆都铁了心要离婚。朱强感到非常痛苦，他不想跟老婆离婚，但是又无能为力。

在咨询过程中，朱强说出了一个隐藏在他心中二十几年的秘密。原来朱强在七八岁的时候，撞见自己的父亲与别的女人在一起，他非常害怕，不停地哭。他爸爸吓唬他："不许告诉你妈妈，不然我跟你没完。"担心父母离婚的朱强一直把这个秘密压在心底。

朱强一方面对父亲的行为怀有极大的愤怒，一方面又担心父母离婚会抛弃自己，他只能压抑自己的情绪，性格变得胆小内向。

他内心空虚，是因为缺爱，也是因为对失去爱的恐惧，只能用更多的爱来填补。同时他跟着父亲学做男人，父亲的行为在无形中影响着他的行为模式，因而导致他为了证明他自身的价值，让他的内心获得安全感而出轨。

朱强显然是家庭的受害者，但他同时又制造着新的伤害。朱强需要的是面对过去，接受过去父亲的行为，放下对父亲的怨恨。这些需要通过心理疏导来完成。另外，当心灵空虚的时候，需要与自己的配偶进行沟通，同时需要扩大交际圈，培养多种兴趣爱好，找到自我价值，学会对自己以及伴侣负责。

同时，心理学认为，一个人身心具备了良好的能力才适宜结婚。也就是说，不只是生理上具备结婚生孩子的能力，心理上也要足够成熟，足以承担起自己和家庭的责任，能够给予自己以及爱人幸福，这样的人才适宜结婚。

因为一个受父母持续影响的人，会在婚姻中延续与父母相处的模式，他们潜意识中希望自己的配偶能够像自己的父母一样照顾自己。这样的人，心理上没有得到充分成长，他们与父母的互动模式绝对不是正常合理的。

于是，婚前他们对自己的恋人百般讨好，希望对方做自己的"妈妈"。当关系稳固或结婚之后，他们就开始回归本性。他们对配偶百般挑剔，然而配偶不可能像妈妈那样对自己，于是，他们就对婚姻失望了，转而从婚姻外面寻找新的"妈妈"。

于是，不断地出轨，不断地轮回，不断地索取，他们也只能看着痛苦重演，伤害自己的新生家庭，亲手撕碎当下的幸福。

（2）聊聊第三者
"你"在故"我"在

事业与爱好也往往成为婚姻关系中的"第三者"，如果事业与爱好过多地吸引了男人的注意力，男人往往会过分投入到事业或者爱好中去而忽略了女人的感受，这个时候女人自然就会对此有意见。

虽然很多人说，人要学会享受孤独，但是真正能做到的少之又少，真正心甘情愿孤独地活着的人更是难得一见，这是因为孤独感其实是一种十分可怕的东西，它能让我们葬身黑暗之中，找不到光明的出口，进而生出绝望无助的念头来。德国著名哲学家弗里德里希·雅各比曾经说过：没有"你"，"我"是不可能的。这句话的意思是，我们每个人都不是孤立的个体，从一定意义上来讲，我们活着本就是为了那些牵挂我们的人和我们牵挂的人。

如果只有自己一个人孤零零地活在世上，我们容易忽视自己的存在感，而这种自我存在感需要靠亲密关系来支撑和维系，所以在结束一段亲密关系时，我们会有一种人生的一部分像是从生命中被硬生生抽离的痛楚。没有谁能完全撇清与环境的关系而独立存在。

不过，如果你的信仰不够明确的话，也同样会带来很大的问题。因为我们会在某一个人的身上注入过多的期待，这种期待会成为一种负担，让你们之间的这段关系不堪重负。当两人之间的关系难以承担起生命的重量，便只好用三角关系甚至更复杂的多边关系来解决这个问题。

事实上，每个人从一出生就分别和父母建立起了不同的关系，再加上父母之间的关系，就成了一个典型的三角关系。从数学的角度来讲，两个点之间连成直线，而直线的稳定性是完全不够的，三个点组成三角形，三角形是几何图形中最稳定的图形之一，所以三角关系稳定性更好。

影视剧中总是喜欢用两个人的单纯爱情来博眼球，这在一定程度上给我们带来了误解。对于夫妻来说，构建三角关系最合适的办法无疑就是拥有一个"爱的结晶"了，故孩子是夫妻关系稳定的必不可少的一个因素。不过在这种关系中，要时刻注意平衡，如果孩子和父母某一方亲密而疏远另一方，就会导致另一方往外寻求新的关系。

三角关系不一定要用人来构建，也可以用彼此共同的爱好来构建。比如，王小波和李银河结婚后就一直过着二人世界，但是两人有共同的爱好——同性恋研究和写书，所以这爱好成了构建三角关系的重要一环。

不过王小波和李银河的相处模式并不适用于所有人，因为他们都是对爱好和事业有十足干劲的人，假如没有他们这种专注度，像这样构成的三角关系就会十分脆弱，很容易滋生真正的第三者。

男人有时候会专注于事业或爱好而忽略伴侣的感受，伴侣就会像被第三者插足一样忍不住吃醋。我的一个男性朋友酷爱摄影，摆弄相机的时候眼里仿佛再也没有别的人和物了，所以妻子总会在这个时候有吃醋的表现。

然而妻子也有自己的"心头好"——女儿，她的大部分精力都花在了女儿身上，导致朋友常误会她是不是只爱女儿不爱自己了。

几乎所有家庭都会遭遇这个问题——男人面对的"情敌"是孩子，而女人面对的"情敌"则是事业、爱好，三角关系一环套一环，虽然不是太愉快，但会很稳定。聪明的女人会学着接受丈夫的爱好，是事业也好，是旅游、摄影、篮球、足球也罢，其存在的价值与意义就在于这其实是维持婚姻与家庭稳固的因素。因此，我对朋友的妻子给出了自己的建议："你要学会接受相机和摄影这些'第三者'，才能避免面对真正的第三者——一个鲜活的人。"不论你是把注意力全放在对方身上，还是对方把注意力全放你身上，都不是一件值得期待的事，因为这样的状况注定不能长久，它非常不稳固。

我深入了解过多位迷上做第三者的女子的内心，她们坦言，其实在她们的"爱情故事"中，自己十分看重的一个因素是——我能打败另外一个女人，这一点甚至比"得到这个男人"本身还要重要得多。在这种想法的引导下，她们会不自觉地逃避单纯的两角关系。一旦男人做出了离开原配的决定的时候，她们就会放手，结束这段关系，然后寻找下一个目标，重复这样的过程。毫无疑问，这样的女子，她肯定是出现了想要胜过另一个女人的病态情结，这也跟她的童年经历有很大关系。

弗洛伊德理论认为，女孩在五岁以前会有一个心理上的潜在希望，即希望父亲爱自己比爱妈妈多，希望自己在父亲的心中比妈妈重要，以此来满足自己在家庭的三角关系中占据绝对上风的渴望。如果在童年时，女孩儿未能达成这个心愿，这个心愿就会从此积淀下来，隐藏在脑海深处，等长大之后会再寻找机会冒出头来。被第三者情结困扰的女子，只对有伴侣的男子感兴趣，因为单身的男子无法给她提供完成童年心愿的机会。

（3）第三者也分主动和被动

在和对方投入到一场恋爱中之后，才发现对方已有伴侣，这是被动地做了第三者，无可厚非；可明知道对方有恋人，还选择让自己陷入，这是主动选择成为第三者，这种人常常对于做第三者这件事有一种畸形的欲望和瘾。相对而言，男性做第三者的比例很小。在我们的文化影响下，主动做第三者的人中，女性占了大多数。举一个例子，百度"第三者"贴吧中，发帖和回帖的大多数都是女性，有一个帖子还因此专门提问："为什么这里90％都是女性？"

女作家盛可以有一本小说叫《道德颂》，在这本小说中，作者塑造了经典的主动做第三者的女性形象，对于其心理的描写堪称一绝。小说的女主角叫旨邑，是个第三者，而男主角是已经有了妻子梅卡玛的中年男子水荆秋。在与已婚男人水荆秋牵手恋爱后，旨邑也主动走上了第三者的道路。

这当然不是旨邑第一次成为第三者，在认识水荆秋之前，她也曾介入过别人的婚姻。在那个故事中，旨邑成功地让男方背叛了自己的妻子和家庭，下定了决心娶她，但当对方做出这个决定后，旨邑却感觉不到那种激情了，于是很快地离开了男方，一走了之。这件事可以深刻地折射出文中所写的心理："和未婚男人谈恋爱平淡无奇，充满了和平年代的军人式空虚无聊；和已婚男人谈恋爱则每天都有嚼头，每天都有战况。"由此可见，旨邑要的只是胜过另一个女人的成就感，而不是一段真正的爱情或者婚姻。

所以，哪怕是水荆秋先引诱了旨邑，旨邑也仍然逃不过自己的病态心理，成为第三者。

对于主动的第三者来说，她们享受的不过就是三角恋本身，她们要的也是三角恋带来的刺激感。一旦对方离开了伴侣，她们的目的达到，丧失了刺激感，便再无继续下去的欲望。对于旨邑来说，以前和现在的三角恋都是如此。

旨邑不是个例，这样的女孩儿还有很多，她们在三角恋中真正看重的并不是能否和恋人永远在一起，而是能否打败另一个女人。如果这场两个女人之间的战争永远进行下去，她就会永远抱有激情和欲望，而一旦分出了高下胜负，她也就没了再继续待下去的理由。

在《道德颂》的最后，旨邑终于为自己的行为付出了代价。为了获得婚姻，旨邑刻意制造机会怀了孕，怀的还是对双胞胎，她计划着利用这对双胞胎，逼水荆秋跟梅卡玛离婚，和自己在一起。

在不得不做出选择时，水荆秋出乎意料地拒绝了她。或许水荆秋也已察觉，一旦他离开梅卡玛，和旨邑拥有了稳定的两性关系，他对于旨邑来说就再也没有吸引力了。结果，旨邑选择了人工流产，将鲜活的生命扼杀在自己的肚子里，而随之一起消失的，还有她想要水荆秋背弃妻子的欲望。这个时候她才从水荆秋的口中得知，梅卡玛已经卧病在床很久了，只能靠做透析勉强支撑。

梅卡玛的情况是旨邑万万没有料到的，但她也不得不接受这个现实——自己被一个躺在病床上奄奄一息的女子彻底击败了。

04

第四章

七年之痒

爱是人类永恒的主题，真挚恒久的爱恋一直是人类千百年以来不断努力追寻的终极幸福。即使是揣测与猜疑，也往往因爱而生，只是它用错了方式。

——题记

1.七年之痒的由来

"七年之痒"，它初次被人们所熟知，是玛丽莲·梦露1955年主演的同名爱情喜剧电影。影片《七年之痒》（*The Seven Year Itch* ）讲述了一对夫妻在结婚后的第七个年头，因为妻子要去乡间度假而不得不短暂分离，这个时候丈夫对新来的女房客起了色心，在女房客的撩拨下陷入旖旎风光中无法自拔的故事。但在即将做出对不起妻子之事的那一刻，丈夫突然醒悟过来，悬崖勒马，选择坚守和妻子的白首之约。

按照词义，人们往往把七年之痒理解为婚姻到了第七年，因为审美疲劳而出现的一系列问题。

不过，在我看来，七年之痒的问题并非是第七年才出现，只不过是到了第七年的时候，问题累积到双方都难以忍受的程度，于是，只要导火索点燃，问题就会彻底爆发。这个时候如果处理不当，两人很可能就会从此分道扬镳。因为很多婚姻都是这样结束的，七年之痒的说法也就流传开来。

对于同一个人来说，至少会经历六岁前的一段现实童年和成年后恋爱这第二次童年。

爱情其实是对童年的重温。第一次童年是零至六岁，因为心理学上把六岁作为孩子人格和智力结构定型的时间。第二次童年是恋爱，是婚姻。七年之痒的理论告诉我们，六年是一段恋情的转折点，所以第二次童年或许也只有六年。

第一次童年是命运。在出生的时候，已经被我们的家庭、父母等亲人注定了，我们无法去做另外的有效选择，只能接受。而第二次童年中，我们是自由的，我们可以直接做出选择，不论是恋人还是婚姻，我们都拥有了前所未有的主动性。第一次童年，我们想要自主，期盼理想替代现实。童年越是不幸福，这种期望就越强，但不幸的是，这种期望往往会以失败告终。第二次童年会把我们在第一次童年时经历过的美好和温情再经历一遍，所以陷入热恋的人往往会像孩子一样做出天真可爱的傻事。我们会想把恋人改造成童年时理想父母的模样，仿佛改造成功就能改变命运一般。

在恋爱的前六年，我们都怀抱着改造恋人的愿望去改造他，但在第六年之后，我们开始去接受各种不完美，放弃改变对方的梦想。当然，这时候我们会很有失败感，眼前人其实根本不如自己想象中的好，而且永远也没可能变得那样好，自己只得接受命运的愚弄。

事实上，这种落差是很正常的，因为人们想象中的伴侣常常会比现实中的要好很多，但是如果把这种想象强加到对方的身上去，而忽视真实的他，就颇有些舍本逐末的意味了。因此，七年之痒其实也是两人关系更进一步的重要契机。在双方都看见了真实的对方之后，如果能选择相互接受、相互支持，而不是彼此排斥、互相伤害，那么一种新的关系将会成功建立起来。虽然它可能不如沉浸在爱情里的时候那般甜蜜动人，却更加稳固和真实，也更经得起考验。

这种建立在真实的基础上的两性关系，会在未来的发展中源源不断地给你想要的安全感和沉醉感。人们常说相爱容易相处很难，其实这是因为我们没有能够放下自己，没能从心底去接受那个真实的自己和对方，而只是和理想中的对方打交道，然后在理想和现实发生冲突的时候，产生幻灭感和焦虑感，不再和伴侣进行沟通，这样自然会把关系逼到破裂的边缘。

所有美好的爱情，如果没有经营好，都容易在第六年破灭。

——题记

2.为什么会在第六年破灭

　　爱情在一定意义上是童年美好回忆的剪影，因此童年过得好与坏，生活的环境温馨与否，会直接影响到我们的爱情和婚姻。当然，在我们开始一段感情时，我们肯定都是抱着对幸福未来的憧憬去的，会对爱情有期待。只不过当感情发展到一定程度，我们会发现伴侣有时会让我们大失所望，这种情况和童年的经历简直如出一辙。

　　我曾看过一篇文章，作者在书中写道："今年是我结婚的第六年，明年就是关键的第七年了。我突然发现，当初我费尽心思选择的看似与我父亲完全相反的人，如今竟然要走我父亲的老路。尽管他很爱我，我仍然止不住担心。我父亲当年生意失败后就一蹶不振，弃家庭于不顾。现在，我丈夫在事业上也遇到了大麻烦。就如同我父亲当年一样，他想自己做生意，但缺少资金，所以四处借钱，可总被拒绝，因此他变得暴躁易怒。我对此感到有点恐惧，那时候父亲也是同样的情况，虽然在母亲的帮助下筹集到了资金，但最终生意失败了，从此我家便四分五裂。当时年少的我目睹父亲抛弃妻子，留下母亲一人艰难应对种种债务。现在，我与丈夫的情况似乎与当年父母的情况重合到了一起，这让我很是困惑。"

她的遭遇就牵涉到意识和潜意识的不同。在意识中，她的理想伴侣自然是和父亲完全不同甚至相反的一个人，但是潜意识里她习惯寻找跟父亲一样的人，然后希望在重复童年经历的过程中改变一些东西，以此来弥补自己的童年缺憾。

他们陷入与父母一样的困境的这个问题需要从不同的角度来看。对她来说，自然是她的童年经历重现，而对于丈夫来说，也未尝不是他童年生活的一种复刻。命运就是这样可怕地重复着。

这是潜意识的力量。在武志红先生的书籍《为何爱会伤人》出版之后，读者来信说，我还有一种情况没有注意到——因为童年时从父母那里受到伤害，所以长大之后会不自觉地被和父母完全相反的异性吸引。

这样的一见钟情，在深层次上来讲，并不是真正的爱。因为你下意识觉得这个人与你父母完全不同，所以符合你的口味，而事实上你仍然在潜意识里寻找对方身上和父母相同的地方，这才是你真正会被打动的原因。之所以如此，是因为在我们的人生中，父母是第一个给我们深刻的爱的人，因为是第一次，所以这种爱的感觉会给我们留下异常深刻的印象，导致我们在长大后寻找异性伴侣时，也会不自觉地受到影响，寻找和父母相像的人。

同样是在这本书中，武志红先生还记述了这样一个故事：一个性格活泼大方的姑娘出现在H面前，H立刻迷恋上了她，他一直以为，他喜欢女孩是因为她乐观和开朗的性格，但是到了最后他才发现，其实女孩打动他的，恰恰是她乐观外表下隐藏的那种忧郁感。因为他的妈妈一直患有抑郁症，H虽然十分抵触妈妈的抑郁，但早已在日复一日中习惯了这种忧伤。这个道理原本很好理解，但他是到了婚姻的第六年，才如梦初醒般明白这个道理，然后努力学会摒弃自己的理想主义，直视生活的真相。

"七年之痒"似乎缩短时限，而对婚姻的第一道考验，就是结婚的前三年。

——题记

3.保质期缩短：七年变三年

婚姻是什么？对于已经踏入婚姻的男女来说，婚姻只是一种责任，男女双方需要恪尽职守。至于离婚，不仅对于当事人，而且对于双方父母及家庭，都是一件耻辱的事情。在这样的情况下，婚姻并不那么美满的男女，宁可守着如同死水一样没有温度也没有波澜的婚姻彼此消耗，也不会选择离婚。

近日，一份最高人民法院提供的离婚纠纷司法大数据专题报告显示，在2016到2017年底，结婚后的两到七年为婚姻破裂的高发期，而婚后的第三、四年，离婚率达到了峰值。结婚三年以内的夫妻，形势也不容乐观。数据显示，该群体离婚率也在逐年上升。"七年之痒"似乎已经缩短时限，对婚姻的第一道考验，就是结婚的前三年。而在没有选择离婚的夫妻中，婚内出轨的比例也在不断攀升。

从2000年开始，有"中国性学教父"之称的潘绥铭就开始进行《当代中国人的性行为与性关系》的调查。而调查报告显示："中国大约每3个丈夫和每7.5个妻子中，就有一个曾经出轨。中国妻子的婚外恋比例，全世界最高。"

为什么会有如此惊人的出轨率呢？因为许多人对现状不满意，希望换伴侣。但在传统思想、现实生活的影响下，既害怕去承受失去现有婚姻的压力，又不甘于现状，因而只能选择出轨，偷偷"尝试新的"。

而经济发达国家，之所以出轨率还没有看起来传统的中国人高，是因为他们普遍接受这种观点：如果与我的伴侣不再相爱，或者其中一人爱上了别人，那么就应该解除原有的婚姻关系，然后再与所爱的人重新组建婚姻。在发达国家，对于结婚与离婚，社会观念是较为宽松的，所以当事人也不会有太大的负担，人们对于出轨的欲望大大减少。在婚姻存续期间，双方更愿意选择忠于婚姻。当然，这样的结果就是离婚与再婚的比例也更高。

什么导致了七年之痒缩短到三年？

首先，我们所处的社会节奏比从前快，其中当然也包括婚恋。

20世纪六七十年代，恋爱节奏慢，见面多次才会牵手，平时书信往来，一个星期最多往来两三封信。而现在，我们的生活节奏加快了，恋爱发展的节奏也同样加快，我们更快地升始恋爱，然后迅速地进行深入发展。然而，快节奏的生活带给年轻人的不仅有便捷，也有压力，因为年轻人还面临着婚姻的磨合、经营；如果是已婚的话，还有家庭生活的压力。如果这些压力得不到及时缓解，年轻人的婚姻与家庭都会出现危机。

而当出现危机时，我们通常也会去寻求更快捷的解决途径。就如同现在的电子产品，很多人都觉得"修理"费时又费钱，还不一定划算，不如直接换新的。这样的思维在婚姻中也很常见，很多人逃避"修理"婚姻，更倾向于"换新"。

其次，现在的婚恋主体大都是80后、90后，又有不少是独生子女，自我意识较强，也习惯了在原生家庭中以自己为中心的模式，不太会考虑伴侣的感受。

在婚姻生活中，都不太愿意妥协、改变，去迁就伴侣的习惯。当他们进入婚姻，需要面对婚姻中的琐碎事情、处理各种关系的时候，会遭遇更多问题，也更容易因此感到无助、焦虑、烦躁。即使非独生，现今的90后一代因为学业与就业压力，家长大部分的关注点都放在孩子的考试分数以及发展前途上，对于他们的交流沟通能力、表达能力等情商方面的培养少得可怜，更别提同理心及处理冲突的能力了。但婚姻其实就是一种深入的联结与沟通，要经营好婚姻，双方都需要有较好的应对压力及沟通、处理冲突的能力。

如果想要在踏入婚姻后迅速进入婚姻状态，经营好婚姻，那就需要在踏入婚姻之前就具有经营好婚姻必备的能力。进入婚姻三年后，曾经甜蜜的新婚生活彻底发生改变，曾经的"小清新"全部变成了"老夫老妻"柴米油盐的模式，再没有了新婚时的新奇。

随着彼此激情的消退，耐心也会减退。如果此时再有孩子诞生，那么育儿问题将会加剧婚姻问题。司法大数据的报告显示，"感情不和"是夫妻离婚时选择最多的理由。其实，这里的"感情不和"，就包括了性格不合、三观不合以及彼此原生家庭文化的冲突。

最后，是婚恋观念的改变。

随着社会的发展，人们的思想得到解放，人们对离婚的接纳度越来越高，而离婚的过程也变得越发简单。所以，当离婚面临的阻碍越来越少时，"与其花精力修复失败的婚姻，不如离婚重新选择"的想法也使得更多人做出离婚的选择。

此外，还有一点，就是中国人目前面临的关于收入、所受教育、社会地位等方面的男女差异。

"中国性学教父"潘绥铭在接受《人物》专访时，提出了这样的观点："现在男女的交往问题，不在于女性，而在于男性。随着独生子女的成长，一批有自我意识、有思想、充满魅力的新女性成长起来。我们的男性还在用过去的传统眼光去看女性，他们没办法控制这些女性，所以充满了自卑。并不是中国男性故意不进步，而是从小没受过这方面的教育。"

在我的许多女性心理咨询者中，她们因为关注了一些婚恋方面的知名情感微博，学会了如何压抑自己，满足男性的心理需求，假装崇拜男性，进而走入婚姻。但是，她们很快痛苦地发现，她们对由此得到的婚姻可以短时间忍耐，但是她们不可能忍一辈子。

这些女性前来咨询的时候，要么很抑郁，不能认同自己，对自己缺乏信心，要么就是非常愤怒，觉得自己被欺骗，对婚姻充满了失望。

我并不是说女人不应该崇拜男人，事实上，女性对男性的崇拜会给两性关系增添更多的黏性。但这种崇拜必须发自女性内心，因此伴装的"认可"与"崇拜"不应该成为女性控制伴侣的手段。

许多女性咨询者说："道理谁都知道，我也知道我应该给丈夫更多的认同感，但是我实在做不到，因为丈夫的行为处事和言语举止实在没有一点可取之处，还喜欢自以为是地教我怎样做。当初选择结婚，是觉得自己不再年轻，只要对方对自己好就行，现在才明白将就终究不是个办法。"由于社会的开放与进步，众多女性在寻找理想伴侣时更为困难。迫于压力，她们只好降低标准，在这个过程中不断妥协。但是，任何人的妥协与压抑都是有限度的，她们能妥协一时，却无法将就着压抑自己，忍耐过一生。

于是，原来的"七年之痒"就变成了三年。

其实幻灭感不见得是坏事，因为它会带来真爱，也就是说，七年是你的成熟之年，也是真爱的契机。

——题记

4.寻找真爱的契机

其实幻灭感不见得是坏事，因为它会带来真爱，也就是说，七年是你的成熟之年，也是真爱的契机。

七年之痒只是一般婚姻出现问题的时间节点，事实上有些婚姻根本就熬不到第七年，那些婚姻在第六年甚至更早的时间段就出现了严重问题，到了必须解决的地步。然而，哪怕是那些稍纵即逝的爱恋，也无一例外在重复着童年的经历。在我的朋友中，有一个男人恋爱一谈就是三年。在前两年，没有任何吵闹，两人相处得十分愉快。然而，到了第三年，尖锐的问题一个接着一个出现，女友开始指责他的自私。深谈之下，他才明白，原来女友竟然一直打心底觉得自己很自私，但是他周围的朋友一致觉得他是个很无私的人。女友认为他自私，不是不理解他，而是女友的价值观和他不一样。在那之后，女友变本加厉，做了许多让人无法理解的事，终于导致两人分手。

后来，他无意中了解到女友的过去，才知道原来在她三岁那一年，她的父亲抛弃、背叛她的母亲，投向了另一个女人的怀抱，这件事对她的伤害一直没有消除。故事中的女孩在这段恋爱中进行着童年经历的复刻。三岁时，被父亲抛弃；恋爱三年，她在不自觉的情况下，把对父亲的不满发泄到了眼前的男友身上。她说男友自私，其实是在说父亲自私，这个时候父亲的形象和男友的形象已经重叠在一起了。

当然，她并非想被抛弃，只是想通过这种方式来发泄对父亲的种种不满，想要弥补童年的种种缺憾。所以她希望的是男友在这个时候能做出和父亲不一样的选择，能一如既往地爱护自己，可惜男友没有选择这样做。这并不是男友的错，因为当我们在潜意识的驱动下做出一些莫名其妙的行为时，另一半是不知情的，如果你不及时告诉对方，出现这些行为是童年经历在作祟，那对方只能理所当然地把你的行为定义为胡闹，最终发展成"你想分开"的错误想法。我们从另外的角度想，无论是"几年之痒"也还是有其存在的正面价值，它能让我们看到更加真实的恋人，也看到更加真实的自己。

在此之后，你得做出一个抉择，是继续按照自己的幻想去生活，尝试把伴侣变成理想中的样子，还是放弃幻想，接受这个真实的恋人。如果选择前者，你和另一半的关系只会出现不可修复的矛盾，然后分手，再在下一个恋人的身上继续这种循环。而如果是后者，当你们接受了彼此真实的样子，互相包容迁就，就能收获平淡生活中的幸福恋情。

我有一个朋友早已离婚，她对"七年之痒"也有自己的看法。她说，自己和丈夫的问题早就出现了，只是那个时候都还能相互忍耐，都想给对方一个弥补过错的机会。但总是这样相互妥协，总有一天会累的。所以在第六年的时候，突然间所有问题一起爆发了。两人大吵一架之后，开始分居。然而，朋友仍然沉浸在自己的幻想之中，对于丈夫的付出视而不见，始终以心里的那个理想人格为标准来约束丈夫。结果，到了第七年，他们自然只能离婚。离婚后，她后悔了，她说。只怪她没能早点发现自己的问题，如果尝试着去改变自己，那么或许就不会走到如今这一步了。

不过，在看到真实的恋人之后，并不一定就要选择改变自己去修补关系，因为这个时候你得认真思考，这样的伴侣是不是自己想要的。举个例子，一个女孩以前将自己所认为的忠诚男友的形象投射到伴侣身上，却发现真实的他就是一个始乱终弃、拈花惹草的花心大萝卜，那么这样的情况下就没有必要再去改变自己迎合对方了，果断分手才是正途。因此，在七年之痒来临之时，记得坦然去接受一切问题和矛盾，从改变自己入手，接受一个全新的真实的对象。只有经历过这种幻灭感之后，你才能和另一半真正心无芥蒂地相处，才能突破两性关系的瓶颈，达到真正的两心交融的境界。两个幻影，哪怕相爱再深，也只是幻影而已。当你真正认识到这点，我们就会放下幻想，和真实相拥，迎来更加成熟稳定的幸福婚姻。

所以，七年是痒之年，更是获得真爱的契机之年。

05

第五章

MARRY & LOVE

》 分离与界限 》

　　只要有爱就会有分离，这是生命中必不可少的"双生花"。健康的家庭，充盈着爱，也懂得分离。

　　——题记

1.分离是生命中永恒的主题

　　生命，就是不断分离的过程。

　　从出生开始，生命的个体就一直在不断地经历分离。婴儿从母亲的子宫出来，从一个舒适的环境转移到复杂的环境中，将要骤然从舒适的子宫脱离、经历吵闹、不适等生命磨难，这种新生的痛苦，让他放声痛哭。但刚出生的婴儿，并不会觉得自己与母亲是分开的，因为那个时候，他的一切行为都处于母亲的呵护之中。不管饿了还是冷了，都有母亲在一旁给予他最需要的一切，母亲和他还是如同一个人。后来，婴儿再大一点，就会发现自己和母亲原来不是一个人，这时候心理上的分离就开始形成，婴儿发现自己无力去改变这个过程，于是只好接受现实，分离正式开始。

再往后，他们终于可以接受母亲和自己是两个独立个体这件事，但是对于母亲终将离开自己这件事仍然无法理解，他们会认为自己被这个世界所遗弃，这个阶段的分离同样很痛苦，孩子不仅要承担这种分离的痛苦，还会在心理上时刻担惊受怕。

再长大一点，孩子需要学会独自面对这个世界，他们离开家、离开母亲的视线独自去幼儿园学习。虽然初去幼儿园时，孩子会哭得撕心裂肺，但是这个分离的过程无法避免，父母也只得狠下心让孩子去经历。

当孩子成年后，会经历更多的分离。上完大学之后还有工作，工作之后还有成家，终有一天他们要彻底离开原来的家。之后，曾经的孩子也成为他们孩子的父母，然后，他们又再教会自己的孩子如何面对分离。每个父母都知道，对于孩子来说体验分离是一个万分痛苦的过程，但是不得不让他去体验，因为分离和爱一样，都是人生中最重要、无法避免的课题，只有面对，别无他法。它们一起作用，让人成长，让他成为他自己。

有研究指出："拒绝分离，就等于拒绝成长。再亲密的两个人，也是两个人。如果不懂分离，那么，两个关系亲密的人就会黏在一起，而这是很多人生悲剧的深层原因。"

美国心理学家斯考特·派克则称，懂得分离的爱才是"真爱"。因为，为了让孩子最终能成长为有健全、独立人格的人，父母必须主动与他分离。不止孩子与父母的关系是这样，和恋人、朋友的关系也是这样。如果拒绝分离，这种爱就是"假爱"。没有经历过真正分离的人，是没有真正成长的人，这样的两个人在一起，只会互相干涉彼此的自由空间，阻碍彼此进步。"分离是一生的主题，"荣伟玲说，"在人生每个阶段，我们都会遇到重要的分离。"

研究表明，在处理分离这件事上，会出现三种结果：

第一，成熟分离。在和对方分离的时候保持足够的坚定，但仍然保有对他的无私的爱，这两者齐头并进，既保证亲密关系不被破坏，又能让对方的独立人格顺利养成。

第二，拒绝分离。拒绝分离的两个人，可能想保持亲密关系，但是这样反而不能保持，甚至关系可能恶化，演变成恨，俨然就是现实版的爱恨交加。

第三，单纯分离。虽然名义上是亲人，但拒绝爱与亲密。只有分离没有爱的情况下，孩子的成长会受到巨大影响，还会在心里留下阴影，因为爱是亲密的首要前提。

一个生命来到这个世间，首先从母亲子宫中分娩出来。从严格意义上来说，那是孩子生命中经历的第一次分离。呱呱坠地后，孩子开始成长，慢慢地经历与母亲"分手"。和母亲进行的心理分离是孩子这一生中最关键、最重要的分离。之所以说这是最关键的一次分离，是因为几乎所有无法正确面对分离的成年人存在的问题，本质上都和小时候与母亲的心理分离有关。与母亲的心理分离是否能顺利进行，很大程度上决定了孩子以后面对亲密和分离的矛盾时能否成熟应对。

心理学家玛格丽特·马勒经过无数次精细的实验、调查，将三岁前的新生儿成长期分成三个阶段：

1.正常自闭期。从孩子出生到一个月，在此阶段，小婴儿每天睡眠时间在二十小时左右，看起来，小婴儿似乎沉浸在自己单纯的世界里，与他人没有过多接触。其实不然，这个阶段的婴儿，不仅需要来自母亲的精心照顾，更需要母亲充满爱意的轻抚。

2.正常共生期。从第二个月开始到第六个月，在此阶段，小婴儿的睡眠时间逐渐减少，他开始慢慢探索周围的世界。这个阶段的婴儿，已经能分辨出他人跟自己亲近的人。如果母亲依然是他的主要照顾者，那么，他们会将自己与母亲视为一个整体。

3.分离期。半岁以后，小婴儿会逐渐意识到，原来自己是单独的个体，母亲跟自己是两个个体。

分离期的心理变化是微妙复杂、难以界定的。马勒又将它分为四个亚阶段："身体分化期""实践期""和解期"以及"个体化期"。

1.身体分化期（6—10个月）。婴儿从身体上意识到，母亲是另一个人。

2.实践期（10—16个月）。婴儿学会走路之后，开始想要自己去探索世界，想离开母亲的怀抱，靠自己的力量见识新风景，这个时期婴儿会选择"背叛"自己与母亲的亲密关系，转而离开母亲。

3.和解期（16—24个月）。第二个阶段里婴儿是主动离开母亲，那么到了第三个阶段，婴儿长成了幼儿，幼儿在经过实践之后发现，自己根本离不开母亲，自己对于这个世界来说太过微不足道，所以会重回母亲的怀抱。但是有了失败的经历之后，幼儿会更加小心翼翼，虽然母亲在他眼里是强大而无所不能的，可是母亲始终是另外一个人。他们也明白这个道理，但是又发现自己很依赖母亲，无法脱离母亲独立，矛盾就此形成，马勒把这种现象称为"和解期的冲突"。在这个阶段，幼儿的心理十分脆弱，所以母亲的做法尤为重要。母亲需要时刻给孩子不求回报的爱，陪着孩子去体验这个世界，分享喜悦和感动，给孩子鼓励和宽容，孩子才能从失败感中重新走出来，获得自信心，而"理想母亲"的形象也就形成了，孩子凭借这个形象，会以母亲为起点和中心，向四周不停地探索。他既不会害怕失败也不担心回不去，因为他相信母亲会时刻保护他。

不过矛盾的是，幼儿一边依赖着母亲，一边又着急地想独立自主，但是又不敢完全反抗母亲，所以他会对母亲产生逆反心理，他希望通过这种反抗引起母的注意，让母亲更加关注呵护他。这种矛盾的心理，恰好印证孩子在成长，在思考。这种常见的模式同时体现了爱与分离。

这个时候的幼儿容易被伤害，因为他们明明知道自己无法独自面对这个世界，但是又不愿意承认自己离开妈妈就不能适应世界这个现实，所以母亲需要把握好帮助他们的尺度，尽量做到培养他们的独立意识，但又让他们感受到来自母亲的爱和支持。

把握好这个度的关键，在于母亲要时刻关注孩子的情绪变化，并能敏锐地捕捉到孩子内心的真实想法，知道他想要什么，才能满足他的需要。如果母亲能做到这一点，孩子就能从中学会正确面对分离这件事，且不会害怕短暂的分离，因为他自己也会想靠这种短暂分离来锻炼自己独立接受新事物的能力。

幼儿的"我"的成长方向很大程度上取决于母亲的做法。这个时候任何极端做法都不能有。一是不能完全放任幼儿自己去独立成长，这样的话他遭遇挫折失败后，会感受到孤独痛苦，如果没有获得足够的爱，孩子将来会自卑；二是不能完全代替孩子去解决一切问题，这样会让孩子养成依赖心理，无法自我独立，始终抱着等别人来替自己解决问题的有害心理。

4.个体化期（24—36个月）。经历了第三阶段的锻炼之后，成功的母亲会获得孩子的认同，在孩子心中树立起一个伟大而光辉的形象，这个形象能帮助他积极探索世界。幼儿在这个时候已经能接受自己和母亲是两个不同的人这一事实，在心理上已经完成了和母亲的分离，但是在生理上还未完成。

孩子对自己的认识，其实是从母亲那里得到的，母亲的行为表现反射到他心中，决定了他心中的自己是怎么样的。但是，只有分离才能让幼儿成为自己。

同样，在此过程中，幼儿与母亲有三种心理分离状况：

成熟分离：幼儿内化了母亲的形象，有了自己。他既能继续爱母亲，又能独立探索世界，有自己的独立人格。

拒绝分离：造成这一结果的一般是母亲的不忍心。分离本就是个痛苦的过程，如果母亲无法放手让孩子去经历这种痛苦，或者自己无法忍受和孩子分离的痛苦，就会和孩子黏在一起。连心理分离都做不到，更别谈后面的分离了。这样的话，孩子会养成严重的依赖心理，什么时候都会依赖别人。这种从小养成的习惯很难根除，长大后也会继续依赖他人。

单纯分离：单纯分离是指母亲并没能从心里接受分离这件事，只不过被迫和孩子进行分离，然后关系开始渐渐疏远，孩子因为得不到关爱而成为孤独患者。

还有一个很重要的分离，就是与家的分离。

有研究指出："与家的分离是一个漫长的过程，它从进入幼儿园开始，一直到变为成人才算基本结束。当然，有些人一辈子都完不成这个过程。"

在这个过程中，影响最为深远的就是一开始形成的那种亲子关系模式。我曾接触过一位男性咨询者，他告诉我，直到他上高中，都跟母亲睡一张床。而高中的学校，是寄宿制，除他之外的同学，都住在学校。他家与学校有一段距离，即便这样，他还是坚持每天晚上步行回家，第二天又走去学校。因为这个原因，他成了同学中的笑话。后来，他只能选择退学。这件事情给他心灵上造成的阴影却并没有随着他的退学而消失。

其实，这个案例具有一定的普遍性。男孩小时候，母亲选择了跟孩子一起睡，直到孩子长大了，她才拒绝跟孩子一同睡，但这时已经太晚了。孩子已经习惯了对母亲的依赖，这种依赖，很可能已经严重到变态的地步。与母亲分离之后的每一天，他都以泪洗面，一周如果不和母亲通三次以上的电话，就无法安心住校。在他的倾诉中，其实母亲不知道赶走他多少次，但是，每次在他的哀求下，母亲都心软、妥协了。大部分的情况，是孩子不愿意跟母亲分离，那有没有母亲不愿意跟孩子分离的情况呢？也是有的。但母亲如果不下狠心去离开孩子的话，这种分离是很容易被破坏掉的。

关于分离，心理专家武志红老师有过这样的论述："拒绝分离模式的孩子更容易受到伤害，因为他们遇到的认同对象经常与他们是不同的模式。如果认同对象是单纯分离模式，那么对象会主动远离他。如果认同对象是拒绝分离模式，那么两个人会腻在一起，但这并不甜蜜、幸福，因为两个人的成长速度都会因为亲密关系而慢下来，新的亲密关系不仅没有促进他的成长，反而会成为他们成长的阻碍。"

与家的三种分离模式：

成熟分离：爱家，但又喜欢独立。

拒绝分离：恋家，无法独立。

单纯分离：离家，直接断开和家庭的联系。

如果足够幸运的话，在与家庭分离的过程中，我们会遇到这样一种人——他们对我们来说，不仅很重要，而且他们无条件地喜爱、接纳和尊重会让我们觉得亲密，但同时又能保持良好的界限感，不与我们黏在一起。如果遇到这样的人，哪怕仅仅是一瞬间，也会照亮、温暖并治愈我们。他们的出现，不仅将纠正我们生命中的些许错误，同时，还可能带领我们进入成熟分离模式。这就是我们生命中那些"温暖的过客"。

我上初中的时候，班里来了一位临时数学辅导老师，至今我也忘不了。初二上学期的一次模拟考试，我正低头飞快地答题，她轻轻走到我身边提醒我："你啊，细心点吧，我都已经发现好几个错误了。"

后来，考试结束后，我去感谢她。我也很迷惑，因为她这样做是违反考试纪律的。她当时看着我，认真地告诉我，我是她带的最好的学生，她不忍心看我犯错。但当时我的成绩，在班上也就是七八名的水平，距离"最好"还是有一段距离的。我很感激，也很纳闷，但她后来的话让我铭记一生。她看着我的眼睛，很认真地说："我相信你是最好的，虽然现在还不是。"

我当时又感动，又惭愧，从此把她视为偶像，学习的劲头一下子上去了。经过一段时间"头悬梁，锥刺股"的努力，我终于成了班上成绩最好的学生，高兴之余，我也为自己最终没有辜负她的信任而自豪。

其实，这位年轻的老师没多久就离开了我们学校，之后，我们再也没见过面，可以说，我们的关系在漫长的生命长河中，就是一朵不起眼的浪花。但我知道，她当我老师的那段时间，是我生命中最重要的时刻之一。老师对我一直都是无私付出，从不因为我的成绩而改变，这种无条件的爱让我获得了足够的安全感，成了我生命中的烛光。通常情况下，我们都会忽视这些烛光的存在，但是，当我们遭遇人生的灰暗时光，在我们消极绝望时，这些烛光，就汇集成了最明亮、温暖的光。

更让人感动的是，汇聚起这些烛光的那些人和事，总是不求回报的，他们不会想用这样的烛光来控制你，或者让你报答，他们甘心做你生命中的过客。但是这些过客，却是你一生的财富，因为他们留下的温暖希望，对你的一生都会有帮助，让你对自己充满信心，也对这个世界充满信心。

这样的过客，我称之为"生命的拯救者"。如果我们本来温暖，他们会让我们更温暖。如果我们缺少温暖，这样的遇见，这样的经历，也将成为我们人生的温暖，并且始终被我们铭记。

不论夫妻还是母子，再亲密的人也是另外一个人。

——题记

2.恋爱是与家的最后一步分离

爱情之所以伟大，就在于某些时候，它真的可以拯救一个人。但是，如果想从这种关系中得到拯救，我们还必须靠自己去努力。

有研究指出："好的父母是天赐的运气，可以让我们有一个稳固的心理基础。但是，生命之所以有价值，就在于我们能作选择。而恋爱，是我们可以选择的。如果我们不把自己全交给潜意识去指挥，努力去救自己、救恋人，那么我们每一次恋爱都可以成为一个好的治疗机会。"

话是这样说，但是如果想达到这种效果，还是得主动学习，不仅要学习怎样爱，还得学会怎样面对分离。

恋爱婚姻是与家庭分离的最后一步。而且恋爱中的分离，是所有分离中最难的类型之一，因为恋爱关系是对亲子关系的复制，恋爱分离的痛，自然和亲子关系中分离的痛相当。

恋爱的分离一样具备杀伤力。

成年人的世界里，往往理性大于感性，但是在恋爱分离上，我们只会重复童年时与父母分离时的想法："他不要我了，像当年爸爸不要我一样。"或者是："她不要我了，当年我妈妈就是这样抛弃我的。"

所以，看到这儿，我们可以知道，生命就是一个不断分离的过程。对于孩子而言，他的生命就是一个和亲密的人不断分离的过程，毕竟再亲密的人也是另外一个人。

"生命是一个过程，恋爱也是一个过程。"荣伟玲说，"如果只将恋爱视为一个结果，我就是要占有我的爱人，那么一定会遭遇挫伤。"

人生不可能不犯错、不后悔，所以我们会产生很多遗憾。或许是童年时有一个对自己不好的爸爸，或许是童年时有一个对自己很好却离自己而去的妈妈。而我们长大后的恋爱，往往会成为修正童年错误、弥补遗憾的尝试。

我们心里都埋藏着一个梦想：重复童年的幸福，修正童年的不幸。但是，无论我们选中的伴侣是怎样一个理想的父母形象，都只是我们潜意识的投射。

不管对方是否符合我们的标准，他们的生活经历都和我们不完全相同，对理想父母的标准自然也不会和我们一样，虽然双方都找了一个符合自己标准的恋人，但是又怎么能保证对方的形象不是你自己想象出来的呢？或许真实的他根本就是另外一个人。

这是生命中最大的教训之一，它告诉我们：和你再亲密的人也是另外一个人，是和我们一样重要、一样独立的人。当我们明白了这一点之后，就会明白这个世上的任何人都拥有平等的人格，任何人都和自己一样重要，这样，我们才会去尊重他人的人格与自由。

夫妻关系永远是第一位的，永远拥有第一发言权，是家庭关系的核心，这才是真正健康家庭的序位。

——题记

3.夫妻关系才是家庭关系的第一核心

不管是什么结构的家庭，一般来说，真正处于核心位置的，都应该是夫妻关系，亲子关系只能屈居于下，否则就会产生问题。对此，国内知名的心理学家曾奇峰形容说："夫妻关系是'家庭的定海神针'，在有公婆、夫妻和孩子的'三世同堂'的家庭中，如果夫妻关系是家庭核心，拥有第一发言权，那么这个家庭就会稳如磐石。"

假如夫妻关系被亲子关系超越，亲子关系成为家庭的第一关系，会产生什么样的问题呢？主要有这两个：糟糕的婆媳关系；严重的恋子情结。

如果在你的家庭中，婆媳关系并不那么和谐的话，那么几乎可以断定，当婆婆处于你现在这个位置的时候，她自己和婆婆的关系也存在相应问题。也正是因为这样，你的婆婆才与自己的儿子关系密切非比寻常。对这个婆婆而言，她最亲密、最难以割舍的人，已经不是丈夫，而是儿子了。

可以想象，在这种关系下，儿子结婚了，抛下母亲去和另一个女人相伴一生，她会有多舍不得。她会觉得，自己正被生命里最重要的人抛弃，正在失去他，所以，潜意识里，她会觉得媳妇是"掠夺者"，夺走了儿子对自己的关注与爱。这样的心态下，无论是潜意识支配，还是她有意为之，她都会采用种种手段，阻止儿子去跟自己的妻子亲密，阻止他们建立起正常而健康的亲密关系。

从儿子的角度来讲，母亲的地位一直是超越了父亲的，现在自己要和另外一个人结婚了，这几乎就意味着背叛母亲，所以他必须要报答母亲，这也就导致了他在处理婆媳关系时总是偏向婆婆的结果。

这是很多婆媳难以相处的真相。

试想，如果母亲与儿子的关系并没有超越妻子和丈夫的关系，夫妻关系一直排在第一位的话，那么母亲只会祝福自己的儿子找到了自己的幸福，并且尽一切努力去帮他维护这份幸福，那样的话，就不会产生不和谐的婆媳关系，也不会出现很多意料之外的麻烦了。

下面是三种不健康的模式。

不健康的模式（一）：烦丈夫，爱儿子

前不久，有一个咨询者向我抱怨他妻子与母亲之间的复杂关系。

他的婚礼是在自己家乡举办的，婚礼之后两人在家乡逗留了几日。就在这短短的几天时间里，母亲与妻子不断地发生摩擦、争执，而这些摩擦与争执的起因都是微乎其微的事。他自己也承认："我妈把我当成了自己生命中最亲密重要的人，直到现在，她依然不愿去接受我已经有妻子这个现实。"于是，他母亲跟他妻子不停争执吵闹，谁胜利了，他就是战利品。

后来，他学"聪明"了，只要战争再爆发，他就说："你们好好吵吧，我出去一会儿。"他认为："她们的目标是我，我走了，她们就吵不下去了。"

其实，他自己也知道，吵架的主要原因是妈妈。从小到大，母亲把他看得比自己的生命更重要，他也意识到："对于妈妈来说，我绝对比爸爸重要。"

这种被妈妈重视超过一切的感觉，一度让他感到很骄傲。

然而，等他慢慢长大后，才开始逐渐意识到，这已经成为他难以承受的压力。比如，母亲不想跟他分开，他考大学的时候，母亲跟他做了许多工作，苦口婆心地劝他别去外地念书。他表面上答应了妈妈，但最后填志愿的时候，却遵照自己内心的渴望，填报了外地的大学。当时的他心里觉得，一直这样待在妈妈身边不好，一定要远离，外地大学是非常好的选择。

后来，母亲知道时，已经晚了，只得让他去外地念大学，但要求他每天必须给家里——其实是给她打电话。

现在，他留在北京工作，也买了房子，母亲一再表示希望可以跟他们住在一起，照顾他，他坚决地拒绝了母亲的要求。因为，通过学习心理学，他真正明白了一点："如果从一开始，爸爸足够爱妈妈，妈妈爱爸爸胜过我，我不是她生活的一切重心，她就不会这么依赖我、离不开我，也就不会去挑剔我的妻子。因此，夫妻关系应该是永远的核心，一定不要在家庭关系中本末倒置。"

在这个案例中，咨询者的妈妈比较强势，而他爸爸在家庭里，没什么话语权，甚至没什么存在感，所以，妈妈对丈夫一直不太满意，将一腔热情与心血倾注在儿子身上。当儿子有了自己的爱人，要离开家门去建设他自己的家庭时，妈妈难以释怀，认为儿媳妇是"掠夺者"。

这是糟糕的婆媳关系中一种比较常见的模式，另一种常见的模式是，婆婆在自己当儿媳妇的时候遭受到她的婆婆甚至整个家庭的冷漠对待，一直无法融入这个家庭，而丈夫也没有将与她的关系放在首位，不在意她的感受。倍感孤独的她，在儿子出生时得到了慰藉，儿子就成为她唯一的依靠。很自然地，她与儿子建立了最为亲密的关系，其他人包括丈夫，在她心里都变成了无关紧要的人。这样的家庭模式下，她拒绝去接受与儿子要分离的现实。

不健康的模式（二）："没"丈夫，爱儿子

曾经有一位咨询者小林。原本，他觉得自己妻子跟妈妈的婆媳关系还不错，于是，在有了孩子以后，把母亲接了过来，帮忙带一下小孩。没想到，母亲的到来让婆媳关系迅速恶化。比如，小林跟妻子一直有晚饭后在小区花园散步的习惯，自从母亲来了以后，一定要跟着一起去，而且，她常常拉着小林走在前面，妻子在后面推着婴儿车……就这样，他失去了跟妻子单独散步的机会。

再比如，好不容易孩子睡觉了，小林跟妻子看电视剧看得正开心，婆婆哪怕看不明白，还是要凑过来，往小林身边一坐，瞬间两人世界变成了三人成行的尴尬局面。

除此以外，还有更多鸡毛蒜皮的小事情，妻子跟母亲争吵不停。每当此时，小林都觉得极其头疼，一边是自己心爱并决定共度一生的妻子，一边是含辛茹苦精心照顾自己的母亲，他这个"磨芯"夹在中间，苦不堪言。

后来，在跟小林的交流中，我发现了一点。原来，小林的家乡非常传统，男尊女卑的思想根深蒂固。他母亲刚嫁过去时，又是一大家人住一起。大家对她客气，却也冷漠，她在这个家里如同"隐形人"，而唯一可能带给她温暖与安慰的丈夫，对其父母的重视也远胜过她。在那个大家庭里，她感受不到什么温暖，直到有了小林，孤独的她才有了寄托。母亲曾不止一次地告诉他："有了你，我才有了活下去的劲头。"虽然后来他们开始了自己的小家庭生活，丈夫也对她越来越好，但当年的经历仍让她难以释怀，对丈夫，她更多的是怨恨，夫妻关系根本没有得到改善，丈夫进入不到她的心中，在她心里只有儿子。小林很想知道，用什么办法才能改善妻子跟母亲两人的关系。

我的回答是，这不是她们两人的关系，而是他跟妻子、母亲三人的关系。

因为，作为母亲的儿子、妻子的丈夫，这个处于斗争中心，深陷"旋涡"的男人，才是能决定大多数婆媳关系走向的关键人物。这个夹在中间的人，总想着她们两边其中一边让一下多好？如果妻子能对老人迁就一点，或者老人家对妻子慈爱、宽容一点，不就天下太平，万事大吉了吗？但这个做儿子与丈夫的男人，却很少想到解决问题的关键正是他自己。要想有融洽的婆媳关系，他就不能逃避，必须要成长起来，承担起自己的责任，运用自己的智慧，努力去协调好这个三角关系。

不健康的模式（三）：太愚孝，轻妻子

在天涯论坛上，曾经有个帖子火得一塌糊涂，短短两个月内点击率就超过100万，网友在下面各抒己见，页数高达70页甚至还在不断增加，可见其影响力有多大，该贴也因此获得了"天涯第一帖"的称号。

这"天涯第一帖"到底是什么内容呢？是一位网名为"无奈今年"的网友发布在天涯上的文章，详细地描述了发生在他身上的婚姻经历。

他很爱自己的妻子，但同时又觉得年轻人应当孝顺老人，当妻子与父母发生争执时，他总是本着"孝道"的原则，劝妻子顺从、孝敬父母，尤其是要对母亲宽容、理解。

虽然回帖有70多页，但大多数回帖都是网友对"无奈今年"及其家人的抨击。而从他描述的一些细节来看，他跟妻子的相处，确实是有问题的。比如：

一、"无奈今年"在遇到妻子之前，工资都是按月交给父母的，而父母在他结婚的时候，竟然连彩礼都不想出。

二、两人结婚的那天，"无奈今年"的母亲竟然向女方索要礼金，被拒绝后这位母亲竟然在现场被"气晕"。

三、还是结婚的那天，晚上"无奈今年"的父母本打算回家，但是妹妹说回家要一个小时，太远了，就要父母住在他们的新房里，丝毫没有考虑到，这个家，是他跟妻子的家。

整个帖子有近7万字，这7万字都是细节化的描述，所以读者能看到很多像上述例子这样的故事。帖子发出之后，读者普遍认为，是作者的家人行为过分，但作者在事件描述完毕之后，总会带出自己"年轻人应该尊敬老人"的观点。结果，这种事实和观念的反差，遭到了无数网友的嘲讽、抨击和诘问。

"无奈今年"并不是个例，在中国还有很多像他一样的年轻人，他们囿于中国传统的孝顺理念，不敢和父母作对，但是在潜意识里也知道父母做得不对。"无奈今年"的描述，字里行间都能看出对妻子的心疼和愧疚，但是自己的评论又显示出他内心不敢挑战父母权威的想法，所以他是一个很矛盾的人，思想的分裂造成了人格的不完整。他想要妻子像他一样对待父母，尊敬父母，不做反对父母的事情，却忽略了妻子自己的感受。但他的妻子，从小在民主氛围浓厚的家庭环境长大，接受的是平等与爱的教育，对他这套不分是非的"愚孝"嗤之以鼻，自然也不会被他这套逻辑说服。更重要的是，作者也发现了自己的两难境地，在妻子和家人之间，不知道到底该怎样选择。于是，他的做法就是，在家人面前，觉得妻子的确不对；但在妻子面前，又觉得家人的确过分。

但是他实际上什么都做不了。他没有想明白一件事，他作为整件事情的枢纽，也是整个家庭的核心人物，他的行为和态度将会决定整件事情的发展趋势，所以他必须要拿出一个解决办法来，而不是两头讨好，一味逃避，这样解决不了任何问题。

作为父母来讲，爱孩子自然是没错，但是用自己的想法去强迫孩子做不愿意的事情就是错误的，孩子毕竟会长大，会拥有自己的生活，然后进入更加广阔的天地，去实现自己的人生价值，哪怕是父母，也不能不尊重孩子的独立人格。正确的做法是放手让孩子去成长，让他找到自己的幸福，好好经营自己的家。

只有这样，家庭才能发挥出传递爱的效果，才能用健康的方式来让爱继续传递下去，永不消逝。

也只有这样，我们所爱的每一个生命才能收获真爱和幸福。

所谓幸福，是在于认识一个人的界限而且爱这个界限。

——题记

4.中国人普遍缺少的界限感

刺猬的身上满是刺，如果很多只刺猬挤在一起取暖的话，就必须靠近，但是靠得太近又会被刺到，所以这个距离的把握十分重要。要恰到好处，既不能太近又不能太远。当然，并不是哪只刺猬一开始就能掌握好这种距离，大都是在不断地调整和试探中慢慢摸索出来的，最终刺猬们能找到那个最合适的距离，既可以最大限度依偎取暖，又可以避免被相互刺痛，这个距离帮助他们渡过难关。朋友、恋人、夫妻相处都需要这样一个磨合的过程，双方不断试探彼此的界限，当摸清了对方的底线，我们就能在合适的距离与他和睦相处了。这就是所谓的"界限感"。

一段舒服的关系，必定是既有自己的私人空间又有彼此的往来互动，所以尺寸的掌握十分重要。

有清晰的界限感，就会尊重自己和别人，不会产生过多抱怨，因为他们对别人没有太高期望，懂得即使对方拒绝自己也理所当然，他们会选择其他途径满足自己的需要。

而中国是一个非常重视亲情的国家，早期教育中，孩子跌倒了大哭，父母本可以让孩子自己爬起来，但是中国父母通常的做法是，先抱起孩子安慰，然后再恶狠狠地踢地面骂道："踩死它！谁叫它绊倒我们宝宝。"

本来是安慰宝宝，中国父母却无意识地入侵了孩子的界限，限制了他们的独立，更让他们学会了推卸责任。

有一位来访者，小时候父母、祖父母过度溺爱她，完全剥夺了她的独立生存能力，形成了她以自我为中心的性格。在家里她对家人呼来喝去，完全没有界限感；进入社会，没有人吃这一套，遇到几次挫折之后，她就逃回家，整天对着父母发脾气，觉得自己这样完全是父母的错。

进入青春期的孩子慢慢有了独立意识，开始维护自己的界限。不许父母管自己学习和恋爱，要自由空间，但是又依赖父母，希望父母帮自己摆平闯下的祸。尤其是孩子到了婚恋的年龄，一边宣告："我嫁给谁是我的事，你们不要管！"一边又让父母帮着找工作、买房子、办婚礼。在这种模糊的界限中，父母非常迷茫，不知道什么该管，什么不该管。

究其根本，是因为父母当初没有给孩子建立明确的边界意识，没有让孩子明白什么是自己的事，该如何对自己负责。

中国父母无私的奉献精神"害"了孩子。长大成人的孩子也会把这种模糊的界限带到恋爱中，于是我们经常见到恋人之间分分合合、争吵不断，以极端方式威胁对方等现象，甚至出现恋爱不成杀害恋人的悲剧。

英国剑桥大学教授布洛曾提出"心理距离说"。布洛说："审美活动首先要使对象和现实的主体相脱离，以一种超出个人的需要去观察对象。意思是，必须在主体和对象间保持一定的心理距离。如果距离太大，主客体脱离联系，引不起审美体验；如果距离太小，主客体过于贴近，也引不起审美体验。"

这个理论性的东西不太好理解，不如用生活化的事物来解释一下。我们每个人都像是一个有着独立圆心和半径的圆，在恋爱到结婚的过程中，两个圆会从相离到相切再到相交，逐步深入融合。而彼此相交多少才最合适呢？最好相交50%左右的面积。因为，这样的相交，刚好能保证圆心处于对方的边界上，在这个前提下又做到了最大限度的融合。夫妻关系中，也得让自己的核心处于对方的边界上才是最好的，相互尊重又相互交融，才能获得和谐美满的夫妻关系。

对于中国家庭来说，很多夫妻是没有意识到夫妻之间的界限感的，但这却是现代文明社会的婚姻保持幸福的重要秘诀之一。曾看到书上有这样一个案例：

于玲嫁给了离异的王冲，从结婚开始，他们的日子基本就没有平静过。原因是王冲的前妻总是跟他联系，因为女儿判给了前妻，前妻总是打着女儿的旗号给王冲打电话。每次一打电话来，于玲就很不舒服，但是王冲心疼女儿，总是第一时间跑过去处理。为了方便女儿上高中，王冲把自己一套房子卖了，房款的一半给了前妻。没有想到前妻会拿着这笔钱买了一辆车自己开，这让于玲大为恼火，与王冲大闹一场，并提出了离婚。

王冲离婚后依然与前妻频繁联系，前妻不断以各种理由"敲诈"情感和金钱，王冲因为心疼女儿多次忍让纵容她，而前妻的入侵和王冲的妥协不断突破于玲的婚姻界限，因此使得他们的婚姻亮起红灯。

所谓的心理界限，是指一个人的自我人格、独立主权、所需要的私密空间和时间等私人化的因素的界限。心理界限包含物质和精神的需求，还包含责任意识。不仅离异夫妻要清晰知道彼此的界限，就连正常的、关系亲密的夫妻，也同样应该清楚地知道，自己与对方的界限，在守护好自己界限的同时，了解并尊重对方的界限，这才是维系平等和谐的夫妻关系的不二法宝。

"弱能助恶"的道理说明人的劣根性被纵容之后才会一点点显露出来。显然，对于王冲前妻的侵犯，王冲没有守住界限。他一次次纵容前妻，使得她变本加厉，不断挑战他的边界底线。前妻明显带有报复心理，或者想把王冲夺回去，看到王冲家庭动荡，她内心不但有报复之后的快感，而且对于与王冲复婚重新燃起希望。

对于王冲来说，守住界限是第一位，必须明确地给前妻划出一条明确的红线：对女儿，我会尽抚养义务，我会定期去看女儿，我会把抚养费打到指定账户，请你不要随便给我打电话或发短信。

如果前妻再有"骚扰"，一定不能让步，要义正词严地表明自己的态度。

夫妻之间应该在哪些方面保持自己的心理界限呢？

① **与异性的交往**。夫妻都会有自己的异性朋友，但是联系不能太过频繁，一旦这个交往超越了心理界限，就极有可能会产生自己也无法预料的感情，那样的话再怎么解释也是没有用的。所以不管是谁，都要恪守这一界限。

② **关于优先级问题**。不论是朋友的饭局还是工作上的琐事，都不应该比妻子的事情重要，在妻子需要你的时候，你得尽量做到推掉一切琐事，陪在妻子的身边，不能妻子生病了你还不闻不问，反而去和朋友上网聊天。

③**时间界限**。在正常的工作时间内，你对同事热心和对朋友关心都是无可厚

非的，但是在非工作时间内，你应该保持清晰的界限感，比如下班后深夜不要单独和女同事待在一起。

④ **夫妻间与朋友交往的界限。**我们可以和夫妻对方的朋友有一定的交流，但是我们不能越界，要始终明白你和另一半的朋友之间，是因为另一半这个桥梁才进行交流的，不能越过另一半做出什么出格的事情来。

孩子长大了，应该去过自己的人生，去活出自己的价值。

——题记

5.好的家庭，一定有界限感

什么是界限感？

在心理学意义上，界限感就是"在人际关系中，懂得自己与其他人或物，都是独立存在的个体"。

有位心理学者说过："抚养者越是能够给予孩子高品质的亲密关系，孩子就越有能力和抚养者分离。高品质的亲子关系能教会孩子像成人那样去爱：尊重父母，不必为他们的冲突负责，而是学会从家庭的牵连中释放自己。"

在韩剧《请吃饭的漂亮姐姐》中，女主明明已经成年，甚至已经超过了三十岁，但是仍然被父母严加管制，不仅吃住在一起，就连自己的私事都要跟父母汇报。在母亲知道她谈恋爱之后，百般追问，并且极其不同意女主的恋情，所以两人吵来吵去，一直处于矛盾之中。

显然，女主角已经有了自己的独立生活，有自由支配自己生活的权利，而她的母亲却非要用一系列的亲情绑架来约束成年子女的生活。

这在现实中也很常见：已经成年，却还像童年时期一样一起吃住；已经结婚生子，却还是过着依赖父母的日子。

在东亚地区，这样的家庭模式实在太过常见，而这其实也是催生家庭矛盾的根本原因之一。因为，在这样的家庭关系中，父母和孩子都无法让对方独立，总是有各种各样的束缚。缺少分离感的家庭，注定会矛盾重重。

这种家庭模式有个贴切的名字叫"共生家庭"。

很多父母，总想一辈子掌控着孩子，始终不愿意把本就属于孩子自己的选择权利交还给孩子。

不管孩子多大，都觉得亲子关系就是亲子关系，比其他一切关系都亲密，都重要。

网上有人这样描述父母对孩子一生的干涉：

"5岁，我给你报了少年宫；

7岁，我给你报了奥数班；

15岁，我给你报了重点中学；

18岁，我给你报了高考突击班；

23岁，我给你报了公务员；

32岁，我帮你报了电视台征婚栏目……"

不管自己所给予的一切是否真的是孩子想要的，父母总希望能规划好孩子的生活，然后，让孩子顺着自己为他们设计好的人生走下去。

某权威机构曾出示过一份全球教育报告："超过82%的中国家长已经做好为孩子的成功做出'牺牲'的准备；超过三分之一的中国父母几乎完全丧失了个人时间。"

这种"牺牲"，其实是一种忽略现实的盲目牺牲：父母只想让孩子来实现自己眼里的人生价值，却忽略了孩子自己的感受；通过控制孩子的人生选择来寻找存在感；通过不遗余力地规划孩子生活来获得价值感。

在中国的传统家庭中，许多父母就秉承着这样一个观念：在成为父母的那一刻开始，自己的本我也就消失了，接下来自己的人生意义完全取决于孩子的未来发展。

所以，对于很多观念比较传统，还没有建立起"界限感"的家庭来说，父母得体地退场，是一种修养，更是一种战胜自我的修行。

父母存在问题，那孩子就不存在问题了吗？

孩子同样有自己的错。

中国有一句古话叫"父母在，不远游"，直到现在，依然有许多人认为，自己离开父母就是不孝，追寻自己的生活而不顾父母的感受更是大不孝，儿女就应该顺从父母的意见。

所以，很多人在成年之后仍旧和父母在一起，事事以父母的意见为先，不知不觉就陷入了对父母的依赖中，丧失了自己做选择和决定的能力。

另外，还有些年轻人离不开父母是因为缺乏安全感，害怕离开父母之后自己无法好好生活，因而自己选择了不离开。

这些都会导致家庭关系变得矛盾重重，且千头万绪理不清楚，陷入其中就走不出去了。

父母认为，我继续留在孩子身边，是想帮他照顾好自己。

孩子认为，我不和父母彻底分离，是不想让他们伤心。

可是，孩子长大了，应该有自己的人生，要去活出自己的价值，父母这个时候便该退居幕后了。

所以，成年人都必须自己选择自己的人生道路。

亲情本应该是最纯粹、最本真、最无可替代的感情，我们不要把这种感情变成了负担和"食之无味，弃之可惜"的鸡肋。父母有自己的人生价值，不应该永远和孩子绑在一起。

孩子总有想要寻求独立的那一天，或早或晚，而作为父母，就应该有这个心理准备，在孩子需要的时候安心、耐心地陪伴他；当孩子要翱翔蓝天时，就应该洒脱地放手让孩子去追求自己的生活。这是每个人都必须面对的现实。

心理学大师海灵格曾说过："好的家庭，一定有界限感。"

每个家庭，孩子的"独立仪式"都应该是必不可少的。

"独立仪式"举行之后，就得坚定地把孩子当成独立的成年人来看，让孩子和父母做彻底的分离。

龙应台在《目送》里写道：

"所谓父女母子一场，只不过意味着，你和他的缘分就是今生今世不断地在目送他的背影渐行渐远。

你站在小路的这一端，看着他逐渐消失在小路转弯的地方，而且，他用背影默默告诉你：不必追。"

"不必追"其实就是所有父母孩子之间关系的本质。

父母与孩子亲密是为了最终的别离。因为一场合适的别离，会让孩子不断成长，父母也从照顾孩子的枷锁中解放出来，活出自己的风采来。

其实对于孩子来说，把自己的生活过好，才是对父母最好的报答。

06

第六章

MARRY & LOVE

\\ 完美关系的秘密 \\

你知道为什么亲密关系会如此矛盾重重吗？因为在亲密关系中，对方就是你的一面放大镜，会直接把你最不想面对的自己，真真切切地展现在你的面前。

——题记

1.亲密关系是你的一面镜子

你知道为什么亲密关系会如此矛盾重重吗？因为在亲密关系中，对方就是你的一面放大镜，会直接把你最不想面对的自己，真真切切地展现在你的面前。因此不管你遇到怎样的人，都要记住感恩，因为这个人要么是你的镜子，要么是你的导师，总之都是来教会你一些生命中必不可少的课程的。

比方说，你被遗弃，如果这种被遗弃的痛苦对你影响较深的话，就会有教会你这一课的男人出现。他并不一定有劈腿这样的行为，或许只是吊着你，面对你的紧追不舍，就是不为所动，不管你做出怎样的事情来，他最多只是会感动一下而已，压根不考虑跟你在一起的事情，更不要说花时间来陪你了。

不愿意看对方，其实是不愿意接受真实的自己

如果，你对自己的配偶有很大意见，或者你在很多方面不愿意看到对方的某个样子的话，那我只能很遗憾地说，其实你是不愿意去接受真实的自己。因为从本质上来讲，在结婚之后，对方的表现如何，是跟你自己有很大关系的，因为夫妻双方会牵扯在一起，那种无间的亲密会让你们很容易受彼此影响，所以对方的表现，其实也就是你自己的隐藏部分，只是在他身上进行了放大而已。

吵架、离婚，肯定是跟两个人都有关系的，但是和好，有时候只需要自己一个人就可以做到了。这是我的亲身经历，也是我看到很多例子之后总结出来的经验。我们的关注点与能量，如果全都用在了抱怨、挑剔、批评、嘲笑、攻击、报复对方上面的话，那我们就需要认真地考虑一下这个婚姻是否还有继续下去的必要。我们真的还有能量与动力，去维系这样的婚姻吗？

正确的做法是，你要从对方身上看到自己的不足，在发现问题之后，先进行自我反省，改掉自己的坏习惯。当你接受了自己的缺点并改正后，才能去要求对方接受他的不足并改正。当然，他是否会改正就是另外一个问题了。

人生少不了伴侣这堂课

如果因为一直追逐对象而导致你失去了自己对伴侣的影响力的话，你不妨认真想一想，找到自己的兴趣所在。如果你自己一个人拥有丰富的精神世界，活得怡然自得，你的伴侣对你的看法会发生很大的变化。他会觉得："这个老婆，以前天天以我为中心，现在怎么都不怎么搭理我了？"好奇心会驱使他反过来关注你在干什么，留意你每天的短信。他会想：我现在晚上回家，她也是一副爱理不

理的样子，她到底在干什么。这样一来，你就成功地勾起了老公对你的兴趣，再进一步而言，你要是能把自己从别处学来的新东西和他分享的话，他对你的看法更有可能会完全改变。

亲密关系是功课完成与否的衡量标准之一

你和伴侣的亲密关系如何，在很大程度上能反映出你面对自己的人生关卡，究竟走得是好是坏，也能看出你从别处尤其是从父母那里继承的功课，究竟有没有好好完成。举例来说，如果父母从小对你严苛，家里管得非常严，那你就会形成一种过于谨慎的性格，这种性格在与伴侣的亲密关系中会体现得淋漓尽致，而你能否突破这个关卡，就取决于你自己是否努力了。

对于自己在过去经历的伤痛，我们不应该一味逃避和强烈憎恨，而要学会温柔对待它们，治疗伤痛。

——题记

2.成熟的人，会与过去的伤痛和平相处

任何人的人生都不会一帆风顺，所以一旦遭遇挫折和失败，那痛苦也就随之而来，久而久之就会形成心结。

四年前，与"我"关系最好的亲人不幸撒手而去，"我"一直无法接受这个事实。

九年前，上学的时候不努力，然后人生最重要的考试之一彻底失败，走上了一条艰难的人生之路。

十几年前，"我"上小学的时候，老师冤枉"我"偷东西，对"我"进行了

批评，"我"委屈的样子现在还历历在目……

每当这些陈年往事涌上心头的时候，"我"就开始后悔自己当初的做法，或者憎恨当时对"我"造成伤害的人，总之就是不甘心。虽然不会对此耿耿于怀而走不出来，但是"我"心里总觉得不是滋味。那些事情已经过去那么久了，"我"的心结又该如何解开？

事实上，你可以尝试着从这些伤口出发，去看一看过去的自己究竟是怎样的，去探访一下那个真实的自己，不管那个自己是胆小懦弱还是任性无理，或是固执己见……

不管你的过去究竟是什么样子，他们都对你有一定的意义，构成了你的过去，也发展出了现在的你。同时，你也需要关注和拥抱过去的你。

只有和这个你相互接纳之后，你才算是接受了自己的缺点和不足，那么过去的伤痛才能找到出口，遗憾也能得到弥补。

心结这种东西，越是隐藏越是会看不清楚，然后遗憾越来越深，愧疚也越来越严重，最终会成为梦魇，一直萦绕在你的心头。

放不下过去的人，走不远未来。

假如真的拥有一个可以自由穿梭于过去与未来的时光机器，你是更愿意回到过去还是穿越到未来呢？不同的选择，也能侧面体现出你对于人生的不同看法。

选择回到过去的人，一般来说都是比较怀旧的人，对于过去的事情有未解的心结，想要重新弥补自己；选择穿越到未来的人，对已经历过的一切都能以平常心看待，只向前看而不回头。怀旧本是一件不错的事情，但是过分沉溺于过往而忽略了现在和未来的人，则已经走向了极端。因为过去的事早已无法再去改变。

东野圭吾作品中的"无冕之王"就是《白夜行》，而这本书的主人公就是纠缠于过去走不出来的典型代表。西本雪穗和桐原亮司在小的时候都有各自的不幸与痛苦，但是两个人在一起反而成了彼此唯一的依赖与寄托。而后来发生的杀人事件彻底改变了一切，他们为了保护对方，不得不选择一步步掩盖这个真相。因为一直无法妥善解决掉童年的阴影，他们一次又一次伤害别人，且这样的事情一做就是十九年。

十九年，是多么漫长的一段时光，这充分说明了人的现在都是与过去脱不开关系的，现在的恶往往有过去的痛的影子。

一直活在过去的痛苦中走不出来的人，是看不见未来的希望的，只有坦然接受过去的伤痛和遗憾，才能更好地期待将来。

人都要学会接受今天的样子，不放弃明天的改变。

对于自己在过去经历的伤痛，我们不应该一味逃避和强烈憎恨，而要学会温柔对待它们，治疗伤痛。

从一定意义上来讲，所有的伤痛都应该被感谢，因为它们让你更能明白自己是怎样的人，只要能做到和过去握手言和，你就能做到用接纳自己来治疗伤痛，在面对真实的自己的基础上，谋求未来的发展。

治愈之后，就是一个更好的自己。

　　亲密关系里最需要的是彼此的宽容，最忌讳的是相互指责，抱怨。

　　——题记

3.如何让亲密关系越走越顺

　　在前文中我们提到，早年的创伤会始终影响着我们，甚至在我们日后的亲密关系中都会不自觉地再现这种创伤，并希望获得弥补和缝合的机会。但需要注意的是，这种影响很可能让我们无端地再次失去一段亲密关系，并且失去的原因和曾经一模一样。要想避免重蹈覆辙，只能努力提高自己。

　　首先来说一说，不太可能犯这种错误的人都是怎样的：

　　第一种，就是好命的人。对有些人来说，亲密关系是不需要去经历挫折然后学习的。在我身边就有这样一个例子，这位男性是一个性格很大男子主义的人，想找的就是百依百顺、不闹别扭的伴侣，他幸运地找到了。这样一来，他的天性得到了满足，因此即使夫妻之间的亲密关系出现问题，也不再和童年创伤有关系了。虽然这听起来有些不公平，但是事实如此，因为他幸运，找到了完全合适的人，所以不需要去经历亲密关系中性格挫折这一堂课的磨炼。

第二种是高情商的人。这种人不仅能较好地控制自己的情绪，更懂得体察他人的情绪，为人处世很轻易就能让彼此都高兴。当有矛盾产生时，能做到心平气和地去沟通，再怎么生气也不会出口伤人，懂得消化自己的坏情绪。

最后一种是理性超过感性的人。他们的思维就像数学方程式一样，任何事都能计算得清清楚楚，所以即使有问题产生，也很清楚地知道自己要得到什么样的结果，知道怎样才能达到目的，自然也就不会轻易被情绪左右。

所以，想要走出小时候经历带来的魔咒，**第一步是要对自己的情绪和感受负责**。举个例子，一位太太心心念念着与丈夫二人的结婚纪念日，好不容易盼到了，她精心准备了一桌饭菜，想要给丈夫一个惊喜，因此没有提前告诉他，而是选择静静地在家里等待丈夫回来。可没想到的是，那天老公的公司突然有一个重要会议要举行，他连打电话回家通知太太一声的机会都没有，于是妻子的等待落空了。

按上面所说的，不同的人在同一个情境下，会有不同的反应，他们的做法一定是大相径庭的。

太太辛苦准备饭菜，目的是什么？是希望和丈夫享受一下家的温馨，在和丈夫共进晚餐的过程中，重温那些彼此陪伴的美好和温暖。如果老公回家晚，她就大发脾气，甚至不惜把饭菜都扔掉也要和丈夫吵个天翻地覆，那她还能得到自己想要的结果吗？显然不能。

但这样的道理，很多人却想不明白。这也和童年经历有关系，有些人小时候可能遭遇过希望和失望的巨大落差，然后留下了深刻的伤痕，也一直未能消除怨气，所以在成年后，再次由希望掉落到失望的深渊时，就会连同童年时潜藏的怨气，一起发泄出来，找一个倒霉的对象来承受。

如果太太可以做到坦诚接受自己的童年创伤，可以做到把这种不合时宜的怨气自我消化，控制好自己的情绪，然后在丈夫回来之后，把自己的内心创伤和期待落空的失望同丈夫沟通，而不是一味发泄情绪，大哭大闹，让丈夫心烦意乱，失去夫妻之间平静沟通、说出双方想法的机会，那么丈夫虽然上班辛苦，也一定会明白太太的良苦用心，并且由衷地感谢和心疼她，同时一定会好好表达自己的歉意，找机会进行弥补。这样的话，就算饭菜都凉了，就算丈夫没有和自己一起吃这顿饭，但两人的感情都会迅速升温，倍感温馨，那这位太太本来的目的也就达到了。

第二步是沟通方式的问题。沟通的时候，一定要记住不能生闷气，而要如实地把自己的感受告诉对方，真正相爱、会爱的人，一定会主动站在对方的角度，体谅对方，进行坦诚而有效的沟通，而这，恰好是情感中最好的保鲜剂。

但是大部分人做不到这一点。很多人首先做的就是指责对方，逼对方认错，仿佛这样一来，自己就赢得了尊严一样。而事实上，这样做只会让彼此的隔阂越来越深，对自己没有任何实质性的好处。亲密关系里最需要的就是彼此的宽容，最忌讳的就是相互指责和抱怨。

第三步是体察对方的情绪，了解其情感需求。通过沟通，我们向对方坦诚了自己的情绪，告诉了对方自己的感受，同时，我们也需要了解对方原生家庭、童年的经历在他身上留下的烙印。经过了解，我们能在一定程度上对对方的感受予以接纳和认同。下次遇到相同的情境，我们的语言与行动，就能有意识地避免触及对方的底线，进而让彼此关系更为和谐。比如，对于缺乏安全感、不自信的妻子，先生一方面可以提升妻子的自信，另一方面，如有不得不去的应酬，一定要提前和妻子讲明白，让妻子知道："你在我心中是很重要的。"这样，既不会让妻子自己胡乱猜测，也避免了一场不必要的误解。

在亲密关系中还有一个大难题就是男性的外遇。外遇这种事情，虽然社会舆论几乎一边倒地指责男性，但是女性真的没有任何责任吗？当然不是。男性出轨往往是由长久的争吵和矛盾导致的，所以女性自然也有未能妥善处理好双方问题的责任。

当然，也有一些本就品行不端的男人，从一开始就三心二意，即使和一个女人在一起了，也还是会和别的女人不清不楚。但这种男人，在平时的交流和交往中，肯定会暴露出本性，要么欺骗女性，要么表面一套背地一套，而女性却因为喜欢对方，对这些苗头征兆视而不见，自动忽略男人的坏品行，甚至还自欺欺人地为他做辩解，一次又一次地选择原谅，给了对方伤害自己的机会。

所以，我一直强调一个观点，如果你用心经营一段感情，但这段恋情最终还是以失败告终，那么最有可能的原因是，你和这个人在一起只是出于孤单，只是出于对恋爱这件事的渴望，而不是从心底想要和这个人在一起。从这个层面来讲，男人的背叛和出轨，女人也的确有责任。

总之，我们在经营一段亲密关系的时候，最重要的是接受自己的缺点和不足，对自己遭受过的创伤和阴影有一个深入的了解，先改正自己的错误，才有资格去要求对方。

亲密关系中，对感情伤害最深的就是相互指责，而在夫妻双方的博弈中，最好的润滑剂只有两点：第一是宽恕，第二是主动沟通。

　　亲密关系的本质，一定是在心灵上而不是在肉体上，一般会经历从月晕、幻灭、内省再到启示的几个层次，最终达到灵魂的合二为一。

　　——题记

4.学习接受和放手，重获幸福与爱

　　A小姐是一个端庄贤惠的人，接受过高等教育，所以A小姐思想独立，个性也比较强势，在恋爱中表现出来就是她总是想按照自己的想法去改造伴侣，把伴侣变成自己想要的样子。

　　而A先生也是一个很有自己思想的人，自然不会接受这样的改造，所以两人从如胶似漆、出入都牵手的模范情侣，变成了一对为了一点点小事都要大吵特吵的问题情侣。

　　发生这样的转变是因为A小姐已经走上了一个极端。在A小姐的眼中，改变A先生是为他好，是为了两人能拥有更好的婚姻，但是，企图改造伴侣的想法和行动，最终把她逼入了婚姻的绝路，让A先生对两人关系的期待通通归于幻灭。

很多时候你看到一段关系十分亲密，无拘无束，那是因为双方都足够成熟，对待双方关系中的各类事件有足够积极的回应。夫妻过日子，总会有矛盾，有时甚至会产生想要掐死对方的阴暗念头，而这也是正常的。

但同样是吵架，不同的人也会有不同的结果，有一些是越吵感情越淡，因为无法理解对方，对情绪没有足够的回应，只是以冷眼旁观的方式去看待对方的怒气，另外一些则是在争吵中越发了解对方，熟悉对方，然后一起面对问题，解决问题。

每个人都来自不同的家庭，自然有不同的生活习惯，同时也有不同的经历，要想通过亲密关系修复过往的伤痕，而不是造成新的伤害，就得学会彼此理解和沟通。

其实，在面对出现问题的关系时，向外去寻求别人的帮助终究是治标不治本的办法，依靠自己才能和对方达到真正的灵魂交融的境界，并且要相信自己有这个能力。

童年时期折磨过我们的无助感，还有面对这个世界时的渺小感，在长大之后我们依然还会面对。尤其当我们面对自己的亲密关系时，这些感觉依然是不可回避的，而且是我们必须去面对的。

亲密关系的学习之路十分漫长，而学会面对真实的自己，接受自己好的一面，也释怀自己不好的那一面，才能拥有幸福和爱！

怎样的关系才能称得上是名副其实的亲密？

亲密关系的本质，一定是在心灵上而不是在肉体上，一般会经历从月晕、幻灭、内省再到启示的几个层次，最终达到灵魂的合二为一。

这也解释了很多人都会觉得奇怪的现象：明明当初亲密无间的两个人，为什么到了爱情幻灭期就形同陌路呢？

其实，这不仅是因为爱情难以捉摸的特性，还因为童年时期留下的遗憾深刻地影响着我们。童年时期我们太过弱小，可能会有些遗憾一直留在了心底，长大后就投射到恋人身上，想从恋人身上把这些没能得到的都找回来，但我们却忽略了，没有人能完全符合所有条件的。于是很多恋人在幻想破灭的时候就分开了，没能熬过这一阶段。

亲密关系能教给我们最重要的经验之一，就是学会怎样无条件地给予对方爱和支持。

如何掌握打开幸福之门的钥匙呢？其实也很简单，那就是在我们追求真爱的过程中，要勇于面对、解决矛盾，去战胜婚姻中的挫折感，如果有错误，那就接受真实的自己，并勇敢地改正错误，而接受自己，是其中最重要的阶段。

"你若盛开，蝴蝶自来"，当我们活出了自己的生命光芒，属于我们的那个"对的人"才能被吸引而来。

寻求完美其实是在寻求爱，很多时候我们觉得自己多么需要爱，到处去寻找爱，却并不知道爱一直在自己身上。

——题记

5.走进"完美之爱"的背后

世界上最动听的三个字是"我爱你"。

就像阳光对于万物的无私滋养一样，"我爱你"这件事同样是无私的。无私的爱情对于每个人都有着无与伦比的滋养作用。爱一个人，会发自内心地去关怀和爱护对方，努力让自己能成为对方可以依靠的人，爱是人类一直以来都在孜孜不倦地追求并创造的东西，它符合人性最本质的需求。

可在追寻爱的过程中，有些人往往会过于偏激，他们一生都在追寻"完美之爱"，可一生都觉得自己缺乏爱。

生活中，我们经常会听到这样的声音：

"瞧，根本没人爱你。"

"你不了解我真正是什么样子。"

"你不关心我，你只对自己感兴趣。"

"你想控制我。"

"你不把我放在眼里。"

这些人往往对爱很苛求，总觉得被爱得不够，无论对方怎么做，都不满足，都难以让自己满意。于是，不断追求"完美的爱"，却仍旧觉得被爱得不够。他们人生最大的痛苦是：哪里有我的"完美之爱"？谁才是我的"完美伴侣"？其实，这种追求"完美之爱"的背后往往是典型的无爱感的表现。

无爱感，顾名思义就是感觉不到爱。相处多年的夫妻，妻子说："虽然我从不怀疑丈夫是爱我的，但是我总是感觉不到这种爱。"这种情况是很常见的，当我们在吵架的时候，因为一点小事，积累起的猜疑、气愤等情绪一下子爆发，而此时的感情就像是一棵正处于萌芽阶段的小草直接被踩了一脚，然后再也无法生长。很多表面看来圆满幸福的婚姻，也存在无爱感，而且夫妻双方并不能察觉，而在多年后的某一天，某一方或许会突然醒悟，发现这并不是相爱伴侣的正常相处模式，对方或许并不爱自己。

无爱感的表现主要就是吵架，而且像是故意要吵架一样，夫妻二人之间总能找到理由挑起"战火"。曾遇到过这样一个例子：夫妻两人本来都不是小气的人，但是在婚姻中却总为小事大动干戈。妻子为丈夫泡的咖啡里面加了牛奶，丈夫会气急败坏地讲："我说过多少次了，不要给我加牛奶，我不喜欢。"然后两人就会开始争吵。

这样的事情真的很小，却会引起极大的争执。这是因为妻子并未理解到，她的行为并没有让丈夫感觉到被爱。而丈夫同样也没有明白，妻子对丈夫的反应，会误认为自己怎么做都是错的，都不会得到眼前人的认可。虽然事情很小，但是潜藏着的过往痛苦经历的感受却是深刻的。

所以，诸如这样完美苛求生活中的每一件事，每一个感受，其背后表现出来的就是强烈的无爱感，这同样也为我们的生活造成了很多矛盾和问题。

既然追寻完美的爱就是无爱感的典型表现，那为什么会有这么强烈的无爱感产生呢？

这和我们的原生家庭有关。如果在原生家庭中，我们没得到足够的爱和认同的话，我们就会不自觉地陷入恐惧的深渊，无法自拔。在家庭教育中，关于爱的这部分特别重要，因为这会直接影响到孩子的神经系统，如果受到伤害，伤痕是有可能会存在一辈子的。

当然，更多的时候，在我们的原生家庭中，亲人并非不爱自己，只是爱的方式不对。孩子是一个独立的个体，很多家长却用爱的名义操纵孩子的人生，这种爱是很自私的，是极不尊重孩子独立人格的。孩子需要的是无附加条件的爱，如果家长传达出的态度表明爱是需要你用某些东西去换取的，那孩子对爱的感觉就不再纯粹。

家长如果爱孩子，就一定要让孩子知道，要让孩子明白自己的好，明白自己灵魂深处的美，并且能够在发生任何事情的情况下都无条件地相信自己，这样才能欣赏自己。如果孩子做不到欣赏自己的话，会觉得自己缺少爱，然后会自行把心灵封闭起来，不再主动向外界探寻。

所以，爱与心中的伤总是一起出现在成长过程中，如影随形。正如长大之后的我们在恋爱中，越是爱得淋漓尽致，缺乏安全感的缺陷便暴露得越是深刻彻底，那些童年阴影的影响就越发明显地在婚姻关系中显露出来。即使我们爱一个人深刻到了骨子里，也难以克服信任感的缺失和被抛弃的恐惧，在婚姻中就会以苛求的方式，来弥补那份爱的缺失。

　　其实，大多数人孜孜不倦想要得到的东西，比如安全感、名利、荣耀等，都不过是自己想要得到爱的手段而已，是一种人生价值上的满足感的替代品罢了，是用来填补自己内心空虚的，而这种空虚就是因为缺少真正的爱才形成的。这些表面上完美的东西，并不能带给我们满足，内心越空虚，我们对真正的爱就越渴望，然后自己就像笼子里那只永远停不下来跑圈的天竺鼠一样，去追求那些对自己来说无异于饮鸩止渴的"毒药"。

　　诗人里尔克说："世上除了爱，没有别的力量。"一个缺失爱的人，是无法付出爱的，不知道自己值得爱，也感受不到被爱，也就做不到接受爱。这些人一生都在追寻完美之爱，都在填补爱的缺失，但有可能一生都陷于不完美的关系中，因为这些人需要从别人的身上去寻找完美之爱。但是在人世间，跟我们一样经历了伤痛的人太多太多，哪里有完美的人呢？因此他们自然也就难以找到完美的爱，于是越发沮丧和失望。

　　爱就像空气，即使你看不见它，它也永远在你身边，不论白天、黑夜，晴天、阴天，它都在这里，无条件地给予，无条件地接纳，接纳所有你认为自身不完美的部分。

　　对"完美之爱"的追求背后是什么呢？

　　是一份有条件的爱，好比月亮的光辉，必须经由太阳给予它光与热，它才能放出光明，如果太阳不再照耀它，它也不能在黑夜发光，它照耀你是因为先有太阳的光与热，如果它都没有得到充分的光与热，它是不会也不能在黑夜照耀你的。于它而言，它需要不断地索取光明，这与对"完美之爱"的追寻极其相似。

　　很多时候我们觉得自己多么需要被爱，四处去寻找爱，却并不知道爱一直就在自己身上。

当我们真正了解了何为"完美之爱"，当我们真正学会接纳生命中的这份不完美，那么我们就可以是太阳，就可以去照耀别人！

愿我们每个人都能成为爱的源泉！

做最好的自己，就是对自己最好的爱，尤其在亲密关系中，即使你并不完美，但你会是一个幸福快乐的人。

——题记

6.做最好的自己

《做最好的自己》一书中曾写道："人的一生就是不断地超越自己，就是'做最好的自己'。成功就是按照自己设定的目标，充实地学习、工作和生活，就是始终沿着自己选择的道路，做一个快乐的、永远追逐兴趣并能发掘出自身潜能的人。"李开复先生曾经分享过自己的一个故事：

在大一的时候，我想学法律和政治，到了大二，学了一年多的我发现这些东西并不适合我，我对它们没有兴趣，所以成绩也一直是不温不火，而刚好在这个时候我接触到了计算机，并且从此对计算机兴趣盎然，很努力地去敲代码学编程，终于不久之后决定从法律系转到计算机系。当时的哥伦比亚大学，法律系的地位比计算机系的地位高了不知道多少，但是我还是不愿意在自己感受不到快乐、没有成就感的领域去工作学习。

虽然有很多人劝我，但是我都一一回绝了，因为我相信，兴趣会是最好的老师，激情对于工作和学习来说，重要性是远远超过了老师的，所以我在那之后的大学时光里，一直过得快乐而充实。

但是我和我父亲比起来，实在是差远了。

我父亲的两个学生，在去年和我的会面中讲述了不少我父亲的工作，那时我才知道，虽然在生活中父亲是个不苟言笑的人，但是在课堂上，在工作上，他一直热爱他的工作，从来不懈怠半分。他的学生说："李老师见到我们总是眉开眼笑，他为了让我们更喜欢我们的学科，常在我们最喜欢的餐馆里讨论。他在我们身上花的时间和金钱，远远超过了他微薄的收入。"而父亲在经历了很多事情之后终于找到了自己的最大兴趣所在，然后一直坚持了下去。他死后留下了勉励自己的两句话：老牛自知夕阳短，不用扬鞭自奋蹄。

最令人欣慰的是，他在人生的最后一段路上，找到了自己的最爱。

所以，做最好的自己，就是对自己最好的爱，即使你并不完美，但你会是一个幸福而快乐的人。

比尔·盖茨曾说："每天清晨当你醒来的时候，都会为技术进步给人类生活带来的发展和改进而激动不已。"

因为热爱，所以精通，比尔·盖茨在1997年的时候，毅然放弃了自己在哈佛大学的学业，转而专心研究软件技术，从而充分发挥出了自己的天赋才能。

2002年，比尔·盖茨在领导微软二十五年后，又做出一个重大决定——将领导微软的重任交给了鲍尔默，自己则全身心地投入到新的工作中，新的工作是他喜欢的软件架构设计。

事实证明，比尔·盖茨又一次做出了正确的选择。

在担任首席软件架构师之后，比尔·盖茨的研究成果一个比一个惊人，他在该领域做出的成绩可谓是无与伦比的。

对他而言，与他的成就带给他事业上的成功跟财富相比，彻底投入到自己喜欢的工作中带来的激情与快乐，才是他更重要的收获。

回到我们的现实生活中，尤其是在孩子的教育过程中，我们会发现事实常常并非如此。

在我们的传统教育观念里，从来都不主张赞美孩子，甚至因为怕孩子"骄傲"，更多的时候是让孩子"知耻"。

家长与老师更常用自己孩子或学生的缺点，去跟其他孩子的优点相比，久而久之，孩子们开始极度重视自己的缺陷，而难以察觉自己的优秀。

在这样的教育下，孩子并不能有效地改正自己的缺点，反而更容易失去自信，失去对自己的认可，甚至有的孩子因为被批评得过多而破罐子破摔，不求上进了。

那我们到底应该怎么做呢？

我认为，不需要和别的孩子比，只需要让孩子和自己比。

拿孩子的今天和昨天去比，看是否做得更好，同时期待明天的自己要比今天的自己做得更好。只有这样，我们的孩子才会更自信，更加正确地认识到自己的价值。

教育不仅是在考验孩子，更是在考验父母，是父母学习进步的一个好机会。

在这个过程中，孩子的纯真能净化父母的心灵，父母则能通过与孩子的相处找到自己的缺点和不足，学会改正，以身作则，成为孩子的榜样。

我们身边的人很多都是70后、80后，过往的人生经历或原生家庭的生长模式在我们的心里打下了深深的烙印。经常看到有人持消极、逃避的态度来生活，这就是拒绝接纳自己的表现。

只喜欢自己的优点，逃避自己的缺点，也不去做出改变。人际关系出现问题了，不主动去面对，去沟通，想办法化解，而是做"减法"，干脆不再来往，一来二去，干脆把自己变成了"装在套子里的人"，只剩下实在不能再简化的亲人关系。因为在家人面前，就算任性为之，也会获得包容。这样的人对这个世界已经失去了探索的动力，待在自己的心灵世界里不肯出来。

有一句心理学名言对这种现象形容得一针见血："规避问题和逃避痛苦的趋向，是人类心理疾病的根源。"

但不论我们是70后，还是80后，甚至是90后，只要有了孩子，我们就是孩子的第一任老师，家庭就是对孩子影响最大的因素之一，我们今天所做的一切，都会对孩子的未来产生积极或消极的影响，会决定孩子能否健康幸福地成长。

父母作为孩子人生中的第一个榜样，对孩子的指引作用是不可或缺的，家长改变1%，孩子便能改变99%。我们自身的一切变化，都会在孩子身上表现出来，所以温馨、和谐、充满爱意的家庭，总是更容易走出健康优秀的孩子。

没有天生所谓的问题孩子，几乎所有问题孩子的背后，都存在一个问题家庭。因为孩子是在观察、模仿、学习中长大，他们习得的就是父母的状态，如果父母自信，有力量，充满了生命力，孩子自然会承袭这种状态，如果父母自身的状态消极、充满指责和抱怨，相信我，孩子也一定在他的内心深处埋下了这颗种子，即使不在当下表露出来，在他以后的生活、工作或家庭中也总会表露出来，只是表现形式不同而已，却会影响他的一生。

所以，孩子的问题，其实是家长的问题。

中国最需要教育的，不是孩子，而是父母！最需要成长的，不是孩子，而是父母。这种成长，是和孩子一起的共同成长！

孩子，是上天的赐予，每个孩子来到父母身边，都是为了让父母成长，做更好的自己。父母不仅是孩子的老师，父母也应该当一当孩子的学生，在教育孩子的过程中，学会处理自己和世界的关系，学会经营亲子关系，学会从这个世界获得新的东西，来给自己好好上一堂课。

有位妈妈感慨："'孩子是天使'这句话真的一点也不夸张。正是有了孩子，在养育他的过程中，我才会去反思，去学习，去做更好的自己，成为他的榜样。这个过程，我不仅有成长，更有思维模式的改变。如今我对于这个世界和生命的意义，有了更加深刻的认识，这是孩子对我的影响。"

所以，要教育好孩子，父母一定要学会成长，去努力地成为最好的自己，如果我们拒绝成长，会怎么样呢？那就会把本该自己承担的成长任务，转嫁到孩子身上。

我们对自己不满意的，或者没有达到自己理想中要求的，就会苛责孩子去替自己达到那些要求；我们自己学不会经营亲子关系，就会懒惰地想要孩子是一个理想中的孩子，不会和自己发生冲突，而这显然是不可能的。

只有当我们不再逃避问题的时候，才算是真正进入了新的天地，从之前的心理舒适区走了出来。

十八岁，是成年人的年龄，是要为自己的行为负责的年龄。但是，过了十八岁，我们就真的成长为真正的成年人了吗？

不，某些时候，我们依然是孩子，只不过是大号的孩子。我们会发现，自己在成长过程中存在的很多问题都只是暂时隐藏起来了而已，直到教育自己孩子的时候才发现，原来自己还有这么多的成长问题需要解决。

　　请相信，经历过最艰难的生长过程，才能开出最令人惊艳的花朵，获得破茧成蝶的蜕变。

　　祝福每个人在成长的路上，都能成为最好的自己！

07

第七章

MARRY & LOVE

‖ 幸福背后的秘密 ‖

期望的内在叫期待。期待是我们最大的障碍，是亲密关系中最难的功课，也是影响幸福的杀手之一。

——题记

1.是什么让你感觉不幸福？

你期待回家时的嘘寒问暖，得到的却是"为什么这么晚才回来"的指责和埋怨；你期待温柔如水的体贴，遭遇的却是现实版的"女汉子"和"女强人"；你期待向日葵般的温暖，却偏偏碰上扎人的"仙人球"……

有期待就会有失望，有失望就会有悲伤，有悲伤就会有愤怒，继而变成了争吵和攻击，伤害由此产生。就这样，期待带来的沮丧和失望轮番上演，永不停歇。幸福又从何处寻找？如果试着放下或降低我们原来的期待，事情会不会有所改变呢？

2010年2月24日，世界冬季奥运会上，女子自由式滑雪空中技巧项目比赛正在进行，观众对上一届的冬奥会亚军李妮娜充满期待，她用近乎完美的表现让大家记住了她。但是，在本届冬奥会比赛上，澳大利亚运动员技高一筹，超越李妮娜夺得了冠军，这实在让人扼腕，因为李妮娜少的就是一块奥运会金牌，但这次圆梦的机会又和李妮娜失之交臂。出人意料的是，她面对媒体时却说："我今天非常非常非常开心。"她用三个"非常"来形容自己的感受。她说："虽然不是冠军，但是我做到了最好。我把自己所有能做的动作都做了，我对自己今天的表现感到非常满意，比四年前还要满意。"

对于李妮娜，人们期待她获得冠军，所以扼腕叹息，而李妮娜期待的是"把自己所有能做的动作都做了，并做到最好"，所以她的感受是"非常非常非常开心"。同一个结果，因为期待不同，得到的是两种完全不同的感受，期待的不同成为遗憾和开心的分界线。

还有一位登山者，在攀越珠峰前，人们都希望他登上峰顶。但这位登山者最终只到达了距离顶峰600米的地方，权衡过后，他放弃了登顶，安全回到了起点。人们自然对此感到可惜，毕竟只差600米他就能登上世界最高峰了，但这位登山者并不这样认为，他说："这已是我登山纪录里最好最高的一次了。我超越了自己，也达到了预期，很满足。"

同样是对于爬到距离峰顶前600米处的结果，人们期待的是"希望他登上峰顶"，于是"觉得非常可惜"，而他自己的期待却是冲破自己的记录，做到自己能做到的最好，于是他觉得"我超越了自己，也达到了预期，很满足"。又是同一个结果，也因为期待的不同，感受也完全不同。

不同的期待能带来不同的感受，期待的不同高度决定了幸福的高度。

当期待较高，事实难以达到或满足时，就会失望、悲伤和难过；当期待与事实基本一致时，就能理解与接纳；当期待较低，而事实结果反而较高时，就会是满满的感恩。

期待的高低决定了我们感受的好坏，过高的期待往往成为亲密关系的"杀手"，成为影响幸福最直接的因素。在一段关系中，我们期待对方会怎样来回应我们，而如果对方没有做到这一点，我们就会失望，产生一系列的消极情绪，于是亲密关系间的冲突产生了，指责和埋怨也接踵而来，爱也因此慢慢走远。

生命的真相是每一个生命只能为自己负责，所有对他人过高的期望都是不切实际的。

当我们对对方有不切实际的要求的时候，我们就会产生过高的期望，而这种期望，往往会滋生强烈的患得患失的感觉，然后就会想去控制对方，想方设法让对方满足你的要求。当这份所谓的期待没有得到满足，愤怒、委屈、悲伤、恐惧等情绪就会滋生，这些负面情绪带来的争吵和误解会对关系造成破坏，婚姻就会变成战争！

亲密关系是我们必须要学会经营的。很多人很难跟伴侣或者亲人搞好关系，总是期待别人的照顾和体谅，甚至期待对方以自己认定的方式爱自己，但他们得到的却总是满满的失望，继而开始指责和争吵，很多恋人最后分道扬镳，理由就是："他根本就不是我期待的那样！"

自己的期待被满足的程度，往往会成为衡量爱的深浅程度的标准。尽管并不会明确地说出来，但潜意识中，我们常常会认为如果你满足了我的期待，我就爱你；如果你做不到，我就恨你。如果对方达到了我们的预期期望，我们可能就把这个当作对方爱自己的体现。反之，就说明他并不爱自己甚至是恨自己。

期待本身并没有什么错，但是在婚姻关系中，因为对对方期待过高，越是期待就越难以获得安全感和幸福感。夫妻生活中，妻子没有把丈夫的衣服洗干净，或者丈夫没有帮妻子搬东西去公司，诸如此类小事都可能成为引发争吵的导火索，严重的甚至闹到离婚的地步。

也许，很多人会认为对别人抱有一定的期待和假设是再正常不过的，但在亲密关系中，它们不论合理与否都会对婚姻生活造成一定的影响。比如有人就会说，如果这个人按照我的想法去做，我就会高兴；如果他做不到，我就会非常痛苦，过高的期望往往会带来失望和不满，因为每个人都不能完全达到另一个人的全部预期。

所以，人生幸福的感受都与期待的程度有关。

那么，亲爱的你，觉察一下，你内在的期待是什么呢？它又一直在怎样地影响着你的生活？

当一个人关注和看到的是负面，哪怕出太阳，他的心情也不会好。当一个人关注和看到的是正面，哪怕是下雨，他都会认为那是一种美。细想一下，伤害你的是问题本身吗？如果不是，那又到底是什么在伤害着你？

　　——题记

2.伤害你的是问题本身吗？

　　著名心灵作家张德芬在《遇见未知的自己》这本书中曾提出一个ABC理论：A（事件）——B（信念，想法）——C（结果）。书中说："A永远是中立的，同样的A，发生在不同人的身上，会有不同的C出现。"拿一则常见的小故事来做例子：

　　有两个不同的人因为遭遇意外而迷失在沙漠中，他们都只剩下半条命，但唯一的水壶里只剩下了半壶水，这半壶水成了最后的救命稻草。一个旅人沮丧地说："太令人绝望了，我们只剩下了半壶水（B1）！"因为没有了信心，他最终未能走出沙漠，不幸殒命。另一个旅人却高兴地说："哇，真幸运，还有半壶水（B2）！"他因"还有半壶水"，给了自己继续走下去的希望，有此信念支撑，他终于走出了沙漠。

其实，看问题，换个角度就会有不同的心境，就像那半壶水。爱情与婚姻也一样，从不同的角度去看待问题，就能获得不同的解决思路。

美国商业巨子亨利·福特有一句名言，叫"我只看见晴空"。

在他还只有二三十岁的时候，作为工程师带领新人们去完成一项河堤的修筑工事，但是中途的一场大雨，直接把工程已经完成的部分冲垮了，连工具也被淹没。

面对这样的情况，工人们一个个悲从中来，不知道怎么处理满地的泥泞和毁坏的设备。

"你们怎么都哭丧着脸？"福特笑着问大家。

"你自己瞧！"他们哭丧着脸说道，"遍地都是泥泞。"

"我怎么没瞧见？"他爽朗地说。

"这不是吗？还有那里。"工作人员一脸迷茫地看着他，一边指向满地被冲得七零八落的机器。

"我没看到什么泥巴，我看到的只是灿烂的阳光，即使有泥巴，在太阳的照射下，也逃不脱结块脱落的命运，那个时候我们不就可以重新开工了吗？"福特笑着说。

在这个故事中，事情还是同一件事情，就是"洪水过后遍地的泥泞与东倒西歪的机器"，工人们哭丧着脸，而福特却是笑着。

另一个故事是在美国加州，有个病人叫埃尔西，七十岁。四十多岁时，她不幸被确诊为多发性动脉硬化，双腿失去了知觉，再也站不起来。她的手也变得笨拙，吃饭都相当费劲。可这并不妨碍她参加各种活动，也并未降低她的幸福感。她和一大家子人住在一起，与亲人关系和睦，经常教小侄女认字，随身带着她的照片；她有很多女性牌友，常常和她们聚在一起玩牌；她还在一家继续教育中心工作，教那些在车祸中失去双腿的人使用电动轮椅。她永远都是一副平易近人的样子，脸上永远充满笑意。人们每次看见她，都如沐春风。记者去采访她，问她为何多年双腿瘫痪，还可以活得这样幸福。她惊讶地回答说："我为什么要觉得不幸，我虽然双腿瘫痪，但有可以思考的大脑，还有和睦的家庭，可爱的小侄女，我可以教人如何使用电动轮椅……想到这些，我就觉得幸运！"

所以，真正伤害我们的，从来不是问题本身，而是对问题的看法。当一个人关注和看到的是负面，哪怕出太阳，他的心情也不会好。当一个人关注和看到的是正面，哪怕是下雨，他都会认为那是一种美。

幸福的感受来自我们的内心。当我们心里有幸福，有阳光，看世界就处处是美景。心里有阳光，能和周围的人相互交心；心里有阳光，即使生活满是遗憾，也不缺乏温情和快乐；心里有阳光，能提升我们的生命品质；心里有阳光，我们就能乐观看待问题，发现生命的美好，感受更多幸福！

亲爱的朋友，如果你心在严冬，不要悲观，继续奔跑，因为，"冬天来了，春天还会远吗？"如果你看见阴影，不要害怕，那是因为阳光就在你的身后。

爱一直就在我们身边，但有时会看不见。

——题记

3.看不见的爱

幸福感与爱有关。很多人觉得自己不幸福，是因为觉得自己缺少爱、不被爱，所以到处去寻找爱。世界上有两种爱，一种爱我们看得见，能被我们轻易了解感知，而另一种，它本身存在，我们却很难看见，也不易感知到。

"看得见的爱"一般是指自己对别人的爱，或者说"付出的爱"。比如，父母之于孩子，付出再多也无怨无悔；比如爱人之间不离不弃，相濡以沫。我们看得见的往往是我们付出的爱，而那些无条件的爱，我们看不见，它却依然在我们身边温暖地陪伴着我们。

有条件的爱如同月亮，如果不给它太阳的光芒，它也无法给你温暖。换句话说，如果月亮得不到充分的爱，就不会充分地爱你。有条件的爱往往让人受伤，因为有条件的爱会有强烈的付出感，而付出感是婚姻关系中最大的杀手之一，付出爱一段时间后有些人会觉得很受伤，因为付出的背后有索取。为了索取爱而付出爱，爱就变成有条件的，结果注定是让人失望的。

那"看不见的爱"又是什么呢？是那些容易被我们忽略的爱，它也分为两种，一种是对方对我们的爱，另一种是自己对自己的爱。而后一种是爱的根源，因为你不懂得爱自己，所以也难以感受到对方对自己的爱，因此看不到对方爱的动机以及在有限的资源内为此所做的努力。

有这样两个小故事：一对夫妻，妻子觉得自己婚后生活不幸福，因为丈夫常年在外奔波，工作太忙以至于没有时间陪自己。这位妻子还担心丈夫有外遇，有一次她忍不住跟踪了下班后的丈夫，发现丈夫居然下班后还有一份兼职，原来丈夫单位效益不好，为了让自己的妻子生活过得更好些，丈夫不顾辛劳，打着两份工。这样的情况下，他肯定没有太多时间陪妻子。得知真相的妻子，瞬间泪流满面，原来丈夫一直在用这种方式爱她，在自己有限的能力范围用最大的努力来爱她，给她幸福的生活。妻子这时才明白她是被爱的，她是幸福的。

还有一个女孩，从小被父母寄养在亲戚家中，而大她两岁的姐姐却一直生活在父母身边，而且姐姐非常能干，长大后，女孩自己找的工作一般，而姐姐却处处能干，父母也总夸奖姐姐。在女孩的眼里，总觉得父母爱姐姐多一些，自己不被父母所爱，自己是不幸福的。偶然有一次，母亲住院了，女孩在病房的门外听到母亲与别人的谈话才知道，在她自己很小的时候，父亲就患了肿瘤，母亲既要照顾父亲，又要照顾孩子，家里经济拮据、四处借钱，母亲为了让她生活得轻松愉快，不受家庭重担和环境影响，因此对她隐瞒了这件事，把她一直寄养在亲戚家中，直到父亲身体好转才把她接回。而年长她两岁的姐姐，却因为父亲重病，早早地开始帮衬母亲扶持家庭，于是必须处处能干、独立，不知道吃了多少苦。原来，父母爱她，胜过爱姐姐，父母爱她，就是给了她最好的、没有压力的自由成长环境。那一刻，她泪流满面，那一刻，她发现父母用了世界上最好的方式来爱她，而她只是一直没发现。

但生命中，很多时候，爱都容易被忽视和错过，尤其是对身边最亲密的人。爱人在身边的时候我们一点都不在乎，可一旦走开或不见了，就焦急得不得了，才感觉到不能离开这个人。

《爱与痛的边缘》一书中曾写道："你永远也看不到我最寂寞时候的样子，因为只有你不在我身边的时候，我才最寂寞。"

有一些人对伴侣非常在乎，可自己越在乎的人就越不能接受他对自己不好，即使对方已经很努力地在爱他，可还是会觉得对方不够爱自己，仍旧不断地向爱人索取，终于演变成了极端的控制和无理的要求，直到最后逼走了这个世界上你最在乎的人。

爱，首先从爱自己开始，正如水满自溢。每一棵树都是先利己的，它只有从根到枝叶都吸收到足够的水分之后，才能茁壮成长，然后茂盛，给所有过路人提供阴凉，结满果实，分享给所有经过的人。

爱也一样，在你没有充分给予自己之前，你没有什么可给予他人。未能负责任地照顾好自己的人，做不到好好照顾别人；没有好好爱过自己的人，也无法真正去爱别人。

如果你还不懂得怎样爱自己，就不要妄自谈爱，因为那时候你不可能遇到真正的爱，你遇见的都是爱的匮乏和爱的需要，遇见的是爱的功课，与真正的爱无关。当自己内在是匮乏的，对别人的爱也会是以控制、索取和要求的形式出现，这样的爱会让人窒息和逃离。爱自己是一切爱的开始。你只能从自己的内在去体验爱的甘醇。

当你学会了爱自己，就能真正学会爱别人，爱这个世界，真正感受爱与被爱，然后才能被世界温柔以待。

爱是每个人都拥有的，当你感觉缺乏爱的时候，请你深呼吸一下，让自己安静下来，慢下来，看看你已经拥有的是什么。推开那扇窗户，是不是可以看到阳光正照在草地上，孩子们正在草地上追逐嬉戏，年迈的双亲是不是正在享受着天伦之乐，甚至家里那只金黄色的小狗也正在懒洋洋地晒着太阳。一切是不是刚刚好，爱是不是就在我们身边，幸福是不是就是这种模样？

深呼吸，试想一下，生命中还有哪些爱在我们身边，却一直被我们忽视，直到再也看不见。

真正的强大，不是与神对话，而是与身边最亲密的人连接并勇于探索他的内在！真正的幸福，不是向神索取，而是让身边的人幸福并一直了解他需要被爱！

——题记

4.当你与身边最亲密的人连接

对幸福的探讨是人生永恒的话题。

是什么让我们活得幸福？影响幸福感最大的因素是什么？幸福到哪里去寻找？据国外权威研究表明，"与身边最亲近的人保持亲密关系"是关系幸福感很重要的一个指标。

身边最亲密的人有哪些呢？

首先是父母、伴侣、孩子，然后是兄弟姐妹等亲人，再次是朋友同事等。从某种意义上说，父母、伴侣、孩子是第一序列的亲人，也就是最亲密的人，如果失去与他们的连接，人的幸福感将大大降低。

曾有一个朋友，在好友聚会上告诉过我，她此生最不能原谅的是她的父母。说这话的时候，她的眼睛眺望着前方，神情是无比的凄凉和决绝。作为好友的我听到这话的时候，心情是复杂的，一方面我能理解她，因为从她记事开始，她的父母就感情冷漠，几乎天天吵架，而对她关心甚少。她十二岁那年，父母离婚，她的父母相互推诿抚养责任，她被轮流寄养在各个亲戚家，过的是"寄人篱下"的生活，那种不知何处是家的滋味只有她自己知道。

这位朋友拼命学习，成绩始终名列前茅。每到开学时，别的孩子愁的是作业没做完，而她愁的是下学期的学费必须分别去父母的新家讨要，有时候甚至必须"死皮赖脸"放弃尊严才能拿到学费，父母为此还要大吵一番。

在她经济独立之前，她一直是在父母的推诿、指责、抱怨与冷漠中度过的，她到底流了多少次眼泪，自己都记不清了，或许她也不想去记得，因为实在是太痛苦了。

可另一方面，我却清醒地看到在她的人生中，过去的经历让她无比地发愤和努力，事业也非常成功，现在她完全有能力不求任何人，甚至父母经常因各种各样的事来求助于她，可她一点也不觉得幸福，她经常感到压抑、愤怒甚至莫名其妙的暴躁，谈了几个男朋友，却没有一个成功的，她始终都不觉得快乐。

这个朋友的故事让我明白，一个人即使物质条件再富有，如果不能与最亲密的人建立连接，心灵就永远是一片荒漠。因为对我们一生而言，最亲密的人（尤其是父母）是激发爱的源泉的人，没有源泉的滋养，爱就会干枯委顿。

但生活往往是可悲的，很多真正伤害过我们的人，往往是我们最亲密的人。比如亲密的朋友、我们的父母、爱人等。

美国著名作家露易丝·海写的《生命的重建》一书中，曾有这样的叙述：

"那个最难让你宽恕的人，正是你最需要宽恕的人。宽容意味着放弃、放手，让它离开。我们需要做的所有事情就是愿意宽恕。当你宽恕了那个最难让你宽恕的人，你也宽恕了自己！"

过去的事情都已经过去了，我们无法再改变它，但是我们可以改变自己对往事的看法。因为很久以前有人伤害了我们，而现在我们却拿它在惩罚我们自己，这是多么愚蠢！

如何与自己身边最亲密的人建立连接？尤其是当这些最亲密的人就是曾经在你的成长里带给你伤害的人，如何接纳他们会是摆在你面前很具挑战性的问题。

但是你要明白，也许他们也和你一样惊恐害怕，他们和你一样感到无助。他们所能教你的一切都是他们自己曾经学到的。

你了解过自己的父母与长辈的童年吗？特别是十岁以前的事，能了解多少？如果还有可能的话，就去问问他们，或许，在你了解了父母的童年经历之后，就不会再责怪他们的一些行为，因为，理解会为你指明方向。

当然，如果实在没有机会得知，那就用现在的他们去倒推一下童年的他们。什么样的童年会造就那样的成人？你需要用这些认知使自己自由。你要获得自由，必须先让你的父母、你的长辈，还有那些伤害过你的人自由。你只有先宽恕他们，才能宽恕自己。

有的时候，我们非常了解自己的伤痛，我们真正不能理解的，往往是那些本该企求我们宽恕的人可能也正因为无法得到我们的宽恕而痛苦。

其实，长辈们成为他们"现在的样子"已经是竭尽他们的全力才做到的，虽然，他们"现在的样子"依然是不完美的，依然不能让我们满意，但是，如果为了获得我们内心的自我谅解和自由，那么一切就可以被理解和原谅。

如果伤害过我们、对我们一生的成长产生过负面影响的人，就是我们最亲密的人，那我们更应该选择宽恕，这种宽恕不是纵容，而是当我们宽恕了他们，我们的心灵也会自由，我们也宽恕了自己！

你相信吗？身边那个最亲密的人可能恰恰是世界上最难相处的那个人，这么难相处的人你都能与他相处好，建立亲密连接，这个世界上已经没有人是你相处不好的了。

真正的幸福，并不在于实现成功目标，而是在追寻目标的路上，不断地自我探索和自我接纳，不断地自我成长与自我实现，不断地学会爱和被爱。

——题记

5.成功 ≠ 幸福

现代社会，很多人都有不同程度的"把成功当幸福"的观念，他们努力付出也收获了成功，可问题是他们实现了目标，却还是缺少幸福感。这是因为这种"不享受生活，只追求目标"的做法，让他们陷于"把成功当幸福"的境地而不自知，所以陪伴他们的只会是"无尽的压力和焦虑"。

什么叫幸福？得到了没有期望得到的东西。什么叫失望？一直想得到但一直得不到。人的压力和焦虑由此产生，就会感觉到不幸福。如果认为幸福就是成功的话，就会始终生活在重压之中，始终生活在不满足的状态中，然后充满焦虑和痛苦地继续追寻以成功为定义的各种目标。等实现了一个目标时，他们得到的只是短暂的快乐，在那之后，新一轮的目标追寻任务又接踵而来，和之前的每一次一样，压力和焦虑的轮回又开始了，这个循环永远不会结束……

你会发现，我们周围这样的人有很多。他们常常会对自己说："什么幸福不幸福的，只要有钱，幸福就不是问题，所以我要多挣钱。"等一笔钱到手了，他们又觉得，得需要更多的钱才能满足自己，于是继续忍受重压和痛苦去挣更多钱。如果现在是个科长，他会对自己说："现在苦点累点没关系，等当上主任了，幸福自然会到来的。"等真的当上主任的时候，他又会觉得，要当上局长才能幸福，等当上局长了之后，他还会期望更高的职位。于是，就这样一生在追求目标的痛苦过程中追求幸福，原本以幸福为目的的人却一生都在痛苦中度过。

也许，"把成功当幸福"的生存状态可以比喻成"溺水模式"：当一个人不慎掉入水中的时候，自然会慌乱挣扎，想尽办法活下来，只想着"头露出水面就好了"，然后头露出来了，他吸了一口气，可还没吸到第二口气就再次沉到水面以下，所以只能再次拼命挣扎，为了第二次把头露出来……就这样一直循环，溺水的人也没什么时间轻松呼吸，都是在水面以下拼命挣扎，直到筋疲力尽再也挣扎不动……这就像把成功当幸福，每天拼命追求实现目标，追求目标的过程充满了压力和焦虑，追求到目标那一刻很快乐，但是也就仅仅能享受这一刻短暂的快乐，下一个需要达成的任务已经再次出现，新的压力和焦虑也随之而来，为着那短暂的快乐，循环往复，直至筋疲力尽……

很多父母经常会和孩子说这样的话："现在吃苦都是为了以后幸福，等你考上好大学就不会累了。"这样的家长就是在不断地给孩子传达"把成功当幸福"的价值观。在这种情况下，孩子的幸福感其实已经和学业是否成功绑在一起了，这很值得我们反思。

有一位朋友L君曾讲述过他自己成功但不幸福的心路历程："我在三十岁之前，与同龄人相比，我很成功，但我感受不到幸福，因为我一直弄不明白，为什么我永远感到压力和焦虑。认真想了想之后，我才明白是父母的期望给了我太大的压力和焦虑。"

L君的父母对他期望很高，在他上小学的时候，他们常对他说："你看人家学习成绩都很好，家长老师都喜欢，你也要向人家学习，争取考个第一名，那样的话，你就能和人家一样得到老师的青睐。"L君很听话，每天都在想一定要考第一名，总是在想："如果我考不了第一名，爸爸妈妈会不会不喜欢我？老师会不会不认同我？同学会不会看不起我？"于是他背上了很重的心理压力，也学得很努力，后来真的考了第一名的时候，老师和家长都很高兴，但是对L君来说这种快乐的感觉却很短暂。

没有几天，父母又对L君说："当班长才是更优秀的人应该做的，你既然考到了第一名，就努力当个班长吧。"L君又走上努力成为班长的"成功之路"。

成功之后的快乐就这样消失了，取而代之的是更大的压力："要当上班长，一定要当上班长！""如果当不上班长，妈妈会不会失望啊？老师会不会失望啊？同学会不会不喜欢我啊？"就这样L君开始了新的征程，每天背负着巨大的压力，忍受比别人多很多倍的辛苦，终于成功地当上了班长，而预期之中的快乐也如期到来，只是这快乐同样短暂。没有几天，妈妈又对他说："如果能成为大队长就更好了。"但是遗憾的是，L君始终没能实现这个目标。

L君上初中以后，妈妈就没有再这样要求过他，因为他已经形成了"把成功当幸福"的价值观。这种价值观一直伴随着他度过初中和高中，而那种短暂的快乐也一直在重复着。进入大学，新的压力和焦虑又来了：如果他上了大学能当班长就好了。大一的时候L君通过努力，成功当上了班长，重复着压力后的短暂快乐模式。但他很快被新的压力所支配：如果他能赚很多钱就好了。于是大二，L君有了自己的第一笔人生资金，然后毕业，可是快乐总是短暂的，在有了一定的成功之后，新的压力和焦虑又涌上心头，那便是如何在小小的成功之后获得更大的成功，甚至能够让自己在毕业之后找到让其他人羡慕的工作。可是事实证明，这些忧虑都是多余的。因为他在毕业那年如愿以偿进入一家上市公司工作。可是随之而来的是他对自己更大的要求，那便是"在公司当上领导"。他不断为自己设立新的目标：

"如果我拥有自己的房子就好了。"L君住上了自己买的房子；

"如果我能拥有自己的车子就好了。"L君开上了自己买的车子；

"如果我能拥有自己的公司就好了。"L君创立了自己的公司；

"如果我能娶到一个老婆，她最好能够温柔贤淑……"于是L君娶到了爱他的妻子。

"如果我能……"在这样反复的压力与快乐之中，L君一次又一次实现了自己的目标，可是每伴随着一个目标的实现，又会产生新的压力与焦虑，而这些也正是他进一步要求自己的动力。在父母和亲人朋友看来，L君是一个成功者。无论是曾经学习上的佼佼者，还是工作上的强人，周围的人似乎都把他当成一个成功的榜样。他们会认为如果有谁像他这样成功，那一定会很幸福。但是L君自己感觉不到自己幸福："为什么我一直都有这么大的压力和焦虑呢？"这个问题一直困扰着他。直到有一天，在他学习一个关于人生幸福坐标的课程时，他才意识到自己是典型的"把成功当幸福的人"。

成功的快乐只是短暂的，每达到一个目标的快乐也只是暂时的，而痛苦却是在每一次成功之后不断反复。快乐没有追求到，痛苦却常常如影随形，难道这就是他的生活？

　　一个声音告诉他，不，这不是他应该拥有的生活。他所追求的幸福其实很简单：那就是在不断追求成功的过程中，多关注沿途的风景，而不是走马观花。结果固然重要，但过程呢？那些占据了我们人生大部分时间的过程呢？那才是我们应该关注的呀！

　　终于，当L君把这些想法付诸生活的时候，他发现他的生活改变了，他变得不再焦虑和有压力，而是充满了快乐。成功于他而言不再仅仅是衡量自己的标尺，而是一个验证他经历过的那些美好过程的见证。他的工作比以前更顺利，做起来也更开心，而家庭也比以前更温馨、快乐，夫妻关系得到了较大的改善，变得更加亲密与融洽。现在的L君，真的感觉到很幸福。这些变化融入到了他点点滴滴的生活细节中，虽然细微，却能够带来更多生活的幸福感。

　　听完了这个朋友的故事，我心有感触，作为心理咨询师，让人们了解什么是真正的幸福是一个重要的课题，因为很多人就像这位L君一样，生活中无数次向目标冲刺，到达目标后又处在达成另一个目标的焦虑当中，一生付出无数努力，却都无法感受到幸福和快乐。

　　试想一下，我们今天又有多少家长在培养这样只以成功为目标奋斗的孩子呢？当孩子接受不了失败和挫折，只想站在风光无限的山巅，只想被人羡慕和仰望，一旦跌入冰冷的谷底就一蹶不振。作为成年人的我们，是不是该认真思考些什么？

　　教育的本质，不是为了取得辉煌的成功，而是为了培养和引导孩子拥有一个幸福完整的人生。

　　家是爱的第一源头，是人生的第一所学校，是心灵回归的第一个港湾，是幸福人生的第一个起点。

　　——题记

6.幸福人生从"家"始

　　家是什么？家是每个人身心最后的归宿。

　　事实上，每一个人对家都有自己的定义，不管是孩子、年轻人、中年人，还是老年人，每个人都有对家的渴慕和依赖。对于孩子来说，家是妈妈抚摸的手掌，轻柔中带着宽厚；对于年轻人来说，家是漂泊后的归巢，让身心获得休憩；对于中年人来说，家是在疲倦之后递来的热水，给心灵带来爱的温度；对于老年人来说，家是执子之手互相搀扶一生到老的守候。

　　家到底是什么？作家毕淑敏曾感慨地在文中写道："家啊，是理解、奉献、思念、呵护，是圣洁、宽容、接纳、和谐，是磨合、欣赏、忠诚、沟通，是心心相印、生死相依、海角天涯。"她的描述包含了所有幸福的内涵，所以我们可以说，家就是幸福的起点和原点。

家是爱的第一源头。如果说知识和能力的获得来自学校，那么爱一定首先来自家庭。一个家庭，如果夫妻恩爱，孝敬老人，爱护小孩，家里的气氛是融洽和睦的，孩子生长在这样的环境中，自然是沐浴着爱成长。反之，如果一个家庭，夫妻之间经常争吵，与长辈相处出现各种问题，家里经常鸡飞狗跳，对孩子也是指责、打骂、冷漠，甚至忽视，则孩子很容易出现各种行为偏差。因为他的心灵缺乏爱的滋养，更缺乏安全感和幸福感。

如果把生命比喻成一条河流，那父母之爱、家庭之爱就是生命之河的源头，缺乏源头的滋养，那这个孩子的一生都会因为爱的缺失而不断去寻找填补之物。

毕淑敏曾写道："婴儿降临世上，家是包裹他的蛹壳。倘若家中住满健康的爱的花粉，他就吮吸着它用爱的字样构建着自己的听觉、嗅觉和知觉，渐渐地酿成心中小小的蜜饯。在爱中长大的孩子，爱是他的羽，爱是他的长矛。在爱中蓬勃成长的孩子，他看天下就比较的勇敢，他看前途，就比较的光明，他看事物就比较的冷静，他看死亡就比较的坦然。在纷乱和丑恶的气氛中成长的孩子，是伪劣家庭的痛苦产品，他们在家中最先看到并习惯的待人处世经验，是破碎流离和粗暴残酷。"

家是人生的第一所学校，父母则是第一任老师。父母的一言一行，潜移默化地影响着孩子，进入孩子的潜意识，成为他的行动模式，进而影响他的一生。所以，我们经常说，家庭教育是对人影响最深远、最持久的教育。许多跟踪调查、权威数据都表明，优秀的孩子身后，通常都有一个温馨和睦的家庭。反之，在那些"问题孩子"背后，也一定能找到一个问题家庭。

有一个女孩因为从小目睹父母的相互指责和争吵，小时候不知道流过多少泪。她最羡慕的一位同学，每天放学爸爸妈妈总会一起来接她，她觉得那才是幸福。所以她在心里暗暗发誓，将来自己的家一定要是一个没有争吵，充满着爱的家庭。可奇怪的是，当她组建了自己的家庭后，她对丈夫的指责模式和自己的母亲对父亲的指责模式一模一样。她想摆脱，因为她非常痛恨这样，可越是这样，这种模式越会经常性地跳出来，让她猝不及防。这让她很痛苦，越不想这样，却越是这样。想方设法想要靠近幸福的彼岸，却总是找不到方向。

可见，一个家庭对于一个人成长的影响是巨大的，作为影响孩子成长的最重要因素，父母所营造的家庭环境更是至关重要。家就像一个磁场，会让孩子也拥有这种磁性，影响他今后的人生轨迹。

正面情绪叫正磁场或正能量场，负面情绪叫负磁场或负能量场。

如果夫妻都是正能量场，孩子自然拥有一身正气。如果夫妻都是负能量场，则孩子在无形中就会感受到很多负能量，思维也会无意识地产生很多破坏性的念头，严重的更会带来破坏性的行为。很多孩子在出现叛逆、逃学、打架、暴力等行为偏差时都跟"家"营造的气场有直接紧密的关系。因此，"家"是孩子的第一所学校，孩子不仅用"眼睛、耳朵、大脑"等外在形态在学，也用"心"和看不见的"软件"在紧密地感受、连接和学习。

家也是心灵回归的港湾。生活也许充满了艰难困苦，但只要有家在，又有什么是让人真正害怕的呢？我们喜欢家、依恋家、享受家，并为家付出所有的努力，家是我们内心力量的重要来源，它让我们的身体和心灵都有了依靠。家能抵御狂风暴雨，停泊我们这一叶独木小舟，它是我们用爱筑起的港湾。家人的关心与爱意，让我们在面临人生的狂风巨浪时，也能有回归的宁静之所。

对于游子而言，家是母亲做的红烧肉，家是父亲厚重的嘱托与叮咛，家是门口巷子里卖的麻辣烫，是家人在一起无所顾忌的欢笑打闹，是围坐在锅边做一道美食的味道跟温馨……这些声音、味道、记忆，之所以美好无比，那都是因为你与家人在一起。

　　没有了家，就缺少了人间最真挚的温暖和最朴素的幸福，很多人寻寻觅觅，不断询问何处是真正的家，他们问的是家，追寻的却永远是家的幸福与安宁。

第八章

M A R R Y & L O V E

相信幸福，走进幸福

这就是最美的幸福！你相信，它就一直在！

——题记

1.相互信任，是婚姻幸福的基石

孔子曰："所信者目也，而目犹不可信；所恃者心也，而心犹不足恃。"这句话的意思是说：眼睛看到的一切，是我们觉得自己可以相信的真实，但是，即使是亲自看到的，其实也不一定是真实的。

这里讲的其实是信任的问题。

现代社会，信任已成为一种稀缺资源，获得一份信任很艰难，要毁掉信任，却轻而易举，而失去的信任，几乎不可能再重新回来。

现代人信任感的缺失已经成了普遍存在的问题，人们既不知道该怎么去相信，也不敢去相信，甚至完全不知道应该相信什么。这种信任感的缺失，也深刻地影响着恋爱与婚姻关系。信任本来是婚姻关系的基本要素，现在却在渐渐丧失，夫妻之间彼此怀疑、相互设防，消耗的不仅是甜蜜的爱情，还有整个家庭的幸福能量。

记得有一次在举办亲子沙龙讲座的时候，遇到一位苦恼的男士，他向我讨教的不是育儿的问题，而是"治疗"妻子疑心病的方法。他说，因为自己心疼妻子，不想让妻子太劳累，于是自己努力工作，终于把收入翻了一番，然后就让妻子不再上班了，专心待在家里处理家务事。没想到，几年之后，妻子却对自己充满了怀疑，行为也越来越出格，两人的关系因此闹得很僵。只要他手机一响，妻子就要跑过来查看是谁打给他的，如果是女人打来的，妻子更要刨根问底：是哪个女人打来的，谈什么事情，为什么这个时候打来……诸如此类。更严重的是，连手机短信妻子都要逐条查看，还要他汇报自己每天的行程，包括与客户的应酬细节，比如有没有女客户，女客户好不好看等。

看着他焦虑而黯然的眼神，我想，他其实拥有一个非常爱他的妻子，只是她不懂得他的内心需求，用了错误的方法去爱，结果让他不堪重负，夫妻之间的嫌隙因此而生。

我给他留下了我的联系方式，要他妻子添加我的微信，我会经常发一些维系婚姻的文章或心得给她，同时建议那位妻子上了一堂关于女性修养的课程，之后，这位妻子的心态和行动都大有改善。

在此我要提醒各位女性：爱的本意是希望对方好，不要因为爱而伤害了对方，那就与初衷背道而驰了。纵观生活中无数的事例，信任最大的敌人就是怀疑和嫉妒。信任，是夫妻关系的基础与开始，更是延续夫妻关系，增强家庭凝聚力的重要因素。

如果说婚姻间的信任像一棵树的话，怀疑和嫉妒就会让这棵树受伤，有的伤更是伤在树根上。"伤在树根"一般有两种情况：

第一种情况，简单来说，是对配偶的不信任。很多时候并不是因为配偶确实有问题，而是因为有些人自己的不自信，自己潜意识里认为自己配不上配偶。因此他们总担心爱人会成为"我爱的人"而不是"爱我的人"。这种伤比较好治，配偶要给对方信心，让他知道"他在众多人中选择了我，跟我结婚，组成了家庭，就证明他爱我"。配偶只要不断增强他的自信心，不断肯定他，即使已经伤到了家庭这棵大树的根，也容易重新长出新的根，让家庭之树，继续生长。

而另一种情况，就比较难医治了。这种情况是，婚姻中的一方，对伴侣拥有近乎疯狂的占有欲，只允许伴侣为自己所有，伴侣所有的意义与价值就是为了自己而存在，他不允许伴侣在自己之外还有别的关注。梅婷跟冯远征主演的电视剧《不要和陌生人说话》里，冯远征扮演的安嘉和就是比较极端的例子。如果伴侣是这种情况，那么，请一定要向专业人士求助，否则，这棵家庭之树，最终只能枯萎、腐败。

但是，并非所有的伤都在树根，树干出现问题的也不在少数。有这样一个案例：一对恩爱甚笃的夫妻，妻子在结婚多年后突然告诉丈夫，自己以前有过失贞的行为，必须要对丈夫坦白。而丈夫虽然一直嘴里说着谅解，心里却过不去这个坎，这道旧伤就一直留在心底，最终导致两人分道扬镳，各走各路了。这是非常令人遗憾的，因为无法接纳过去，所以无法信任现在，造成两个相爱的人分开！

信任不是一句"我相信你"这么简单，而是一种灵魂深处的联系，是不管现实如何变化，让我们的生命始终联系在一起的纽带，只有自己敢于信任别人，才能获得别人的信任。如果你自己都无法迈出第一步的话，找不到幸福也是情理之中的事。那么，建立夫妻之间的相互信任，都有哪些重要因素呢？

一是要拓宽自己的视野和格局。彼此之间不怀疑婚姻的必要性，不怀疑婚姻的正确性。孔子在《论语》中曾说："唯女子与小人难养也。"孔子说这句话，是有特定的背景的，那就是在严重禁锢女性自我发展的封建社会，女性没有学习的权利，"大门不出，二门不迈"，没有知识，眼界小，格局小，所以才会让人觉得不可理喻。但是现在是一个自由平等的时代，女性在知识层面和男性并没有本质上的区别，所以女性再以性别为由无理取闹，就说不过去了。

二是要给予对方个人生活空间。结婚并不意味着就失去了个人生活空间，个人生活空间是婚姻中双方作为单独的个体的必要需求。尊重对方的个人空间，意味着给予对方一定自由，这种给予是以信任与尊重为基础的。没有信任的婚姻，如同干涸的小溪，迟早让对方窒息得想要逃离。给予对方想要的自由，就如同为婚姻注入了清新的空气，这种自由，会让对方身心舒展。没有人愿意自己的生活被控制，即使那个人是我们的伴侣，即使结了婚，对方也依然有保持自己爱好、交友、娱乐等的自由。婚姻是理解、认同，而不是胁迫、控制，如果彼此对于个人空间与自由的理解不同，感觉被控制的那个人，终究会产生逃离婚姻的念头。

三是要多反观自省自己的过失。有一对夫妻经常争吵，在他们隔壁住着一对年轻夫妻，却生活和谐，不怎么吵架。他们不明白自己和这对年轻夫妻的区别在哪里，都是刚刚结婚不久，为什么自己家里就是"一天一小吵，三天一大吵"的鸡飞狗跳，而别人则是一副琴瑟和谐的样子呢？

直到他们在这对夫妻家目睹了一场争端从发生到解决的过程才明白。原来，每当发生矛盾，年轻夫妻都会抢着先认错，两个人都争着当坏人。

反观自己的家里，夫妻在争吵的时候，都认为自己是正确的，如果有过错，一定是对方的错，指责是唯一的沟通。这种处理问题方法的本质区别，导致了不同的结果，且是两种大相径庭的结果。

我们的先人们其实非常有智慧，曾经有老人这样告诫年轻人："当你们最开始挑选伴侣的时候，一定要睁大眼睛，看清楚他的缺点，而结婚后，就要'睁一只眼闭一只眼'。"这是什么意思呢？就是刚开始认识时，仔细去了解对方，在真正了解了对方的缺点之后自己还能够接受这个人，再结婚也不迟。而一旦结了婚，就定下心来过日子，对很多事情只需要睁一只眼闭一只眼就够了。

"你要什么"是开启幸福之门的钥匙，它简单，不过四个字，却是婚姻幸福的法宝之一。

——题记

2.给对方真正需要的，是通往幸福婚姻的路径

曾听到这样一个故事：夫妻俩原来是大学同学，后来顺其自然地结婚，当时还在同学圈里传为佳话。结婚后，妻子怀孕了，俩人商量后决定，妻子全职在家带孩子，丈夫去外面工作。全职妈妈并没有想象的轻松，终于，孩子上小学了，妻子决定重返职场。这天晚上，顺利通过面试，接到了公司录取电话的妻子，把孩子送到了外婆家，打算跟丈夫一起庆祝一下。

她提前去美容院做了美发、美容，又穿上了新买的裙子，还特意买了鲜花，又做了丈夫喜欢的海鲜，准备了红酒……在妻子的想象中，这会是一个完美的夜晚，也是自己人生新的启程。

　　早过了晚饭时间，丈夫迟迟未归，她打电话给他，每次得到的回复都是："还有一会儿，马上就到家，别等我了。"终于等到丈夫在门口掏钥匙准备开门，她端着柠檬水开心地迎上去，看到的却是丈夫疲惫而麻木的脸。她兴致勃勃地让丈夫先洗澡，自己去把汤热一下。

　　丈夫："儿子呢？"

　　妻子："我送去我妈家了。"

　　丈夫扫了一眼餐桌，皱起了眉头："就两个人吃饭，用得着这么多菜吗？"

　　妻子装作没看到丈夫的不耐烦："你看这条裙子好看吗？她们都说特别适合我，简直像定做的。"

　　丈夫："行了，我累了，赶紧吃饭，吃完饭，我还有个报告要做。"

　　妻子心里已经有点受伤了，但她还是尝试着跟丈夫沟通："下周，我就去上班了。"

　　丈夫"嗤"地笑了："上班？就你同学的那破公司？省省吧，就那仨瓜俩枣，懒得费心。"

　　隐忍已久的妻子突然爆发了，掀翻了桌子："你什么意思！"

　　丈夫不甘示弱："字面上的意思！"

　　妻子："你从骨子里就看不起我是不是？早就不想过了吧？那就离婚，我也受够了！"

　　丈夫："这可是你说的，你别后悔。"

　　妻子气冲冲地走进书房，打印了离婚协议扔给丈夫，丈夫看都不看，很豪气地"唰唰"地签了字。丈夫的态度让妻子寒了心，彻底坚定了离婚的想法。就这样，一对曾经人人称美的金童玉女，终于分道扬镳，一个原本应该幸福的家庭，就因为夫妻之间的不擅长沟通、误会、争吵、赌气……最终走向完全破灭。

这就是一顿饭引发离婚的故事，而这个故事中问题的根源是丈夫根本没有理解妻子真正需要的是什么。

人有七情六欲，只要是人，就有情绪，而且情绪是不断变化的。在婚姻生活中，我们会对对方有许多期待。当对方满足了我们的期待时，我们就感到开心；当对方没有满足我们的期待时，我们就会感到不满。一旦产生不满，就很难平抑，然后不满越来越严重，迟早会变成怨憎，进而严重影响到两个人的关系，婚姻关系也会因此产生诸多问题。

比如在这个故事中，丈夫的做法显然是不合适的。妻子既然打电话让他早点回家，他就应该想到，妻子是需要与他分享跟交流。妻子精心准备了一天，想与丈夫分享喜悦，结果迎来的却是丈夫的不认同，内心自然就会产生失望与沮丧。

案例中的丈夫该怎么做呢？首先，我们在前面也讲过，不能将职场情绪带回家庭。如果他在工作中确实遇到了麻烦，那么当他站在家门口时，就要暗示自己几次："现在我回家了，我面对的是我最亲最在乎的家人。"调整好情绪后再打开门，看到容光焕发的妻子，微笑着说："今天是有什么好事情发生吗？哇，这么多好吃的，辛苦你了。"此时，妻子一定会非常开心地跟丈夫分享自己的想法。而且，极有可能，原本情绪不佳的丈夫，会因为妻子情绪的感染，也变得开心起来。

当然，也有另外一种情况，是我们家庭中经常会出现的：妻子精心准备了丈夫喜欢的饭菜，希望丈夫能开心，结果丈夫一回家就表现得闷闷不乐。这时候，妻子该怎么做呢？是抱怨丈夫不关心自己？还是疏导他的情绪，然后留给他消化自己情绪的空间？

笔者认为，妻子正确的做法是，既然看出了丈夫情绪不好，可以直接问他："今天发生了什么，你心情不好吗？"通常情况下，丈夫会有两种回答，第一种："气死我了，我今天……"她在一旁安静地听，只要表现出对丈夫的理解即可。第二种回答："没什么，我想安静一会儿。"妻子该怎么做呢？泡好一杯丈夫喜欢的茶，端到他手上，轻声说："那我先去忙一会儿了，你要是想跟我聊天就叫我。"然后，让丈夫独自待着。

只有当丈夫处理好自己的情绪，心情平静后，他才能从自己的情绪里走出来，去注意到身边的世界，感受到妻子的爱。当丈夫发现这一切之后，反而更能理解妻子的一片苦心，并回报以更多的爱。这样，坏情绪变成了好情绪，情绪做了转化，家里的氛围也会改变，相应的，整个家庭的能量也会发生改变，由负能量变成正能量，而不是以家庭破碎作为结局。

在我讲课的时候，经常会遇到一些女士，谈自己的婚姻问题说得最多的是对方忽视自己，这是她们最受不了的。因为在矛盾发生之前，妻子是带着很高的期望的，结果得到的却是满满的失望，这种落差会让她们充满攻击性，去找丈夫的碴儿，一场争吵也就随之而来。还有一些女士甚至有一些不合理的、不切实际的期望，那就是：如果他爱我，不用我说，他也会知道我的想法。自己不说，让别人猜；别人不愿意猜或者猜不到，自己只会独自烦恼。这恐怕就是一些自怨自艾的女人的可悲之处。但是，男女对事情的看法本来就很难获得统一，一个个体对另一个个体的思想把控也根本不可能完全符合预期，所以真正有效的方法应该是直接表达自己的想法，而不是要对方去猜。

我们经常不考虑对方的需求，不用他需要的方式去跟对方相处，而以自己觉得对的方式去爱对方，结果误会重重，这也是很多婚姻问题的根本原因。

曾读过一个引人深思的故事，叫"两个好人为什么没有好的婚姻"，故事讲述了那本书的作者的父母一段真实的婚姻故事：

　　"我的母亲和父亲人都很好，不只是作为社会属性下的人品质很好，而且作为家人也是不可多得的好人。从我小时候开始，母亲就一直用尽心思维持好这个家，每天早上五点起床，分别给父亲和我们煮稀饭和干饭，以满足父亲和孩子的不同需要。我母亲是一个勤劳能干的家庭主妇，她刷锅子的场景现在仍然常常在我的脑海中浮现，因为这一画面是我童年时看到最多的一幅画面——我家的锅子因此总是分外明亮，都快赶上镜子了。父亲同样是个好男人，没有抽烟喝酒的不良习惯，每天在工作地和家这两点一线间来回，在外就认真工作，回家了就好好教孩子，尽到了做父亲的大部分责任。他情趣高雅，喜爱书法和下棋，在暑假的时候还会给我们每一个孩子制订不同的作息表，安排我们做功课，是一个十足的居家好男人。但是就是这样的两个好人，婚姻生活并不如意。母亲常常躲在角落里掉眼泪，以此表达自己对父亲的失望，而父亲经常用言语表达他对这段婚姻的感受——孤独和不被理解。在我的眼里，这两人明明都是适合结婚过日子的人，都是世俗眼中再好不过的人了，为何在婚姻中却有这么多的无奈和痛苦？他们明明值得拥有一段和谐的婚姻。这样的疑惑一直困扰着我，直到我长大成人，还是一直没有弄明白。"

　　对于这个问题，她一直百思不得其解，直到她自己走进婚姻，她才找到真正的答案。"刚结婚时，我像记忆中的母亲一样，打理好家里的一切，洗碗、做饭、打扫卫生、收拾家里……一个大家眼里贤惠妻子该做的事情，我都做到了。但奇怪的是，我不快乐。看看我的先生，似乎他也不快乐。我心中想，可能是我的饭菜做得不合他的口味，地板和锅子刷得仍然不够干净，于是我在这些方面做了更大的努力，但似乎并没有什么好的效果。"

　　直到那一天，丈夫在她擦地板的时候，突然喊她说："老婆啊，能不能来陪我听一会儿音乐？"她当时正跪在地板上，于是眉头一皱，想都没想就说了一句："你没看到我地还没擦完啊！"话刚说完，她自己就惊讶地张大了嘴巴——这句话真熟悉，当年在她父母的婚姻中就经常出现。原来她一直在重复父母婚姻中的问题，怪不得会与他们有一样的困惑和痛楚。她心中突然明白了一些新的道理。"你要的是？"她将擦地板的抹布放在一边，看着丈夫问出这个问题，脑海中却突然浮现出父亲的身影……他在和母亲的婚姻中，是不是也和她的丈夫一样，明明想要的是陪伴，却从来都只能得到一个干净的家。母亲将所有的事都做好了，唯独忽略了他最想要的陪伴。她用她的方法在爱父亲，这个方法是"做家务"。而作者，也用她的方法在爱着她的先生。

　　她看着躺在地板上的抹布，突然间仿佛看透了自己以后的命运。她下定决心不再重蹈她的覆辙，于是在丈夫身边安静地坐下，陪他听完了这一曲舒缓的音乐。"我只想你在我听音乐的时候能过来陪陪我，为此家里就算脏一点我也不在乎的。"丈夫终于回答了她的问题。"我以为干净的地板和按时的餐饭、整齐叠起来的衣物这些，才是你真正需要的呢……"还有很多她认为他需要的事情并未说出口。"那些都没有你的陪伴重要。"丈夫说，"陪伴才是我最想要的。"谈话进行到这里，她和丈夫两人都大吃一惊，继续深入交流才发现，其实双方都因为误解而做了许多事倍功半的事。

　　原来，问题的本质在于，他们给对方的，是自己觉得对方想要的，而不是对方真正想要的。这既是她的婚姻中遇到的问题，也是她父母亲婚姻问题的根源！

　　后来，他们采用了一种列表的方法，来了解对方的需求。具体地说，就是他们各自列了一张自己需要的表格，然后放在对方的书桌上。表上列出了很多以前彼此从未关注过的需求，比如抽时间一起欣赏欣赏音乐，在对方疲惫的时候给一个拥抱，学会倾听……他们在彼此满足对方真正的需求中，让婚姻焕发出了新的活力。

原来，做对方所要的，才是幸福婚姻的真正路径！

现实生活中处处可见爱的错位。不管是父母对孩子，还是夫妻对彼此，都喜欢用自己的想法去表达爱，而根本不在意这是不是对方想要的，所以明明出发点是爱，却常常会导致很多悲剧发生。幸福婚姻的诀窍在于多问对方"你要什么"，而不是问自己"我能给什么"。在我们身边，很多好人的婚姻为何无法幸福？因为他们都太执着于用自己的方法去爱对方。

什么样的相处方式是最舒服的？那就是以对方希望的、想要的方式去给予爱。相反，如果用自己认为的方式去对别人好，说不定刚好触碰到了别人的逆鳞，没有真正了解对方喜欢的方式，尽管做了努力，结果却往往令人沮丧。所以，"你要什么"是开启幸福之门的钥匙，它简单，不过四个字，却是幸福婚姻的法宝之一。

要拥有安全感，就得学会从这些具有两面性的事物中，找到能让自己相信和欣赏的一面，忽略会给自己带来幻灭感的另一面。

——题记

3.相信伴侣，就是相信自己

我们对他人的信任，其实是对自己的信任！

相信伴侣，其实就是相信自己！

摊开来说，假如对方真的要选择离开，你就算再怎么不信任，再怎么去监视、跟踪，也无法让其回头，所以反倒不如给予对方充分的信任，这信任既包含对他人品的信任，也包含对你们感情的信任。配偶是我们自己的选择，在实际婚姻中，我们相信自己的选择是对的，我们相信自己有能力面对一切变故。

为什么那么多白头偕老的誓言都在不信任和怀疑中逐渐失色？

这背后折射出来的不是伴侣的问题，而是自己的问题：因为我们内心里隐藏着自卑，不自信，这让我们不敢去信任自己的选择，也不敢去信任对方。

如果我们足够自信，就不会担心伴侣会背弃自己。相反，正是因为对自己不够自信，因为在骨子里有一种自卑，才会经常猜疑伴侣，才会需要用近乎苛刻的要求让对方证明他是爱你的。

不信任对方，其实就是在贬低自己，在婚姻生活中，这是女性更容易出现的问题。古往今来，女性往往在结婚后就会把全部精力都放在丈夫和家庭身上，而渐渐失去了自己的交际圈，但这样是不好的，会催生自卑因子。

正确的做法应该是，女性建立自己的交际圈，虽然以家庭作为重心，但是事业和爱好也不能放弃，这样才能不做丈夫的附庸，才能增加自己的自信，进而实现自己的人生价值，对于自己的生活走向，有非常明确的主见。亚里士多德有言：婚姻其实是两个身体住进同一个灵魂里。这句话告诉我们，两个人既然是夫妻，就应该相互信任，才能实现灵魂的交融。

身边曾有一个这样的案例：

一位男士，相貌和事业各方面都一般，却娶了一位如花似玉并有一份不错工作的老婆。本来生活很平稳，一个偶然的机会，朋友无意间提起，男士的儿子长得太帅，不像他。

一句朋友无心的玩笑话，这位男士却记在了心上，并且越想越觉得可疑，后来忍不住和妻子摊牌。妻子自然是又委屈又愤怒，男士却不管这一切，非拉着孩子去做亲子鉴定，结果孩子倒是证明了是自己的，妻子却再也无法忍受他的不信任，选择了离婚。

生活中很多悲剧也由此而来，如同这个案例中的男士一样，因为自己相貌和事业各方面都一般，而老婆条件好，他的内在其实有一种不平，就是自卑感，觉得自己不如老婆，然后又把这种自卑感以不信任的方式表达出来，最后伤害了对方，也亲手终结了自己美好的婚姻。

信任，是夫妻关系里重要的纽带。不信任，很多时候折射出的都是对自己没有信心与把握。我们圈子里有一位公司高管，他的妻子对他的疑心简直到了丧心病狂的地步，整天自己也不上班，就跟着丈夫监视他，不管丈夫是去办公室还是出差，都要全程跟着，就差丈夫上厕所她在外面守着了，实在是让人大跌眼镜。可即便如此，朋友却告诉我，她的丈夫依然有一个"小蜜"。天天跟着，看着，防着，却无法阻止对方外遇。可是那些从不管那么多的夫妻之间，可能反而没有这方面的问题。这听起来真是匪夷所思，可这是为什么呢？

从某种意义上来讲，我们根本无法去干扰爱人的选择，不管他的选择是分手还是坚持，你都是无法去改变的，因为我们不可能替他做决定。因此，夫妻间的信任是最好的解决办法，相信对方会对自己负责，会对婚姻负责，会对自己做出的任何一个决定和选择负责，不管这些决定是为什么做出的，都肯定有对方自己的思考，是对方深思熟虑之后的结果。

其实，一切完全在于我们自己的选择。选择坚持和恪守原则的人，是因为真的重视这份婚姻，重视自己的爱人；选择三心二意、花天酒地的人，自然是对自己的家庭和爱人没什么感情。这里面没有对错，只有选择，并且没有人可以左右我们的选择，除了我们自己。

在真正地理解了这一层关系之后，我们就可以放心大胆地把自由和时间还给对方了，压根不需要去担心对方会因为自己没有监视他，或者没有翻看手机、衣服、钱包等物品而去花天酒地——如果他这样做了，一定是因为他本来就想，而不是因为你的大度和信任。所以，我们完全可以把选择的权利都交给爱人自己，反正你也无法代替他做选择，不如看开一点，多花时间去提升自己，把自己的日子过好，让自己一直保持新鲜感，才是留住爱人的最有效方式。

退一步讲，即使爱人选择了背叛自己，你花在自己身上的精力，也足够让自己拥有重新开始的力量，在他做出自己的选择时，让自己拥有更大的主动性。

不信任的背后，都是内心没有安全感的表现。如果你问一个女人，她在爱情中真正想要的是不是爱，多半会得到一个否定的答案。因为，女人首先想要的，一定都是安全感，只有在安全感得到满足后，才会去寻求所谓的爱情。在现实生活中，我们几乎随处都可以听到女人抱怨"没有安全感"，然而她们口中的安全感究竟代表着什么，还需要仔细咀嚼一番。事实上，缺乏安全感是所有人类的共同问题，并不只有女人有这个问题，只不过在女性身上表现得更为突出而已。

一个人从出生开始就迫切需要安全感。婴儿在呱呱坠地之后，所要经历的第一个挑战就是生存，他首先得学会活下来。在他降临这个世界之后，就和之前置身的环境完全不一样了，无论是氧气还是食物，他都得靠自己去获取。然而，婴儿的生存能力太差，所以在最初的日子里，需要一个足够强大和稳定的力量来保护他，这个力量往往来自母亲。而母亲给他的这种被保护的感觉就是我们所说的安全感的雏形。

母亲对于孩子正确理解安全感具有不可忽视的作用：如果母亲能时刻照顾好孩子，无条件地给予孩子保护和满足，或者在孩子大哭的时候能用实际行动进行抚慰，那么孩子会认为，努力可以得到安全感。但是如果孩子大哭仍然换不来母亲对自己的满足，就会觉得安全感本来就是不存在的，不论怎么做都得不到，更糟糕的是由此觉得自己根本不值得拥有安全感。

对于这样的孩子来说，母亲没有给他足够的安全感，所以孩子长大后会潜意识地认为全世界也都给不了他安全感。

再往深处说，没有安全感其实就是害怕失去，害怕失去对自己好的人和事，害怕失去这暂时的满足，害怕再怎么努力也不能再次拥有。缺乏安全感的人活得很累，在和别人，特别是和伴侣的相处中始终保持小心翼翼，如履薄冰，心中的孤独感挥之不去。这是因为，这样的人在内心深处一直认为，只有自己才能保护自己，别的人都是不可信的，因此也就注定了无法完全敞开心扉地活着，对外界感到害怕、抵触，甚至产生破坏、仇恨的心理。一旦外界的事情让她验证了"外界没有安全感"的想法，她就会变本加厉地封闭自我，抵触外界，只相信自己。

对于缺乏安全感的女性，男人在她的验证中，往往会败下阵来，难道是因为男人不爱她吗？事实并非如此。

心理学中有个术语叫投射性认同，是一种诱导他人以一种限定的方式来做出反应的行为模式，它源于一个人的内部关系模式（即当事人早年与重要抚养人之间的互动模式，这种模式的内化成为自体的一部分），并将之置于现实的人际关系的领域中。在这种心理的影响下，如果女性始终抱着"他不爱你"的心态去考验他，那么最后一定会导致你将自己想象中的这件事变成了现实，即你会把他逼得真的不再爱你。

毕竟，一直在这样的考验中纠缠，谁都会累的。在我身边有很多女孩，看到男人回来晚了或是和某女性朋友偶有联系，就会大发雷霆，问这问那，一直把男人问到不耐烦，最后的结局就是男人留下一句"你再这样我们只能离婚"的话，两人不欢而散。当事情发展到这个地步时，女人心里可能被抛弃的想法就会更加突出，安全感的缺失也由此愈加严重。

其实男人并没有责任和义务要去时时刻刻考虑女人需要的安全感，因为没有人能几十年如一日地对这种事保持那么高的专注度，即使是父母都做不到，更何况恋人呢？因此，一个女人如果长久没有安全感，就会在与恋人的关系中草木皆兵，太过敏感导致不相信对方对自己的爱，然后争吵不断。这种心理也会影响她在工作中的表现，使她不能放心大胆地去做事，所以很难获得成功。

但是，就算你找到了一个很爱你的男人，也拥有了一份很稳定很简单的好工作，也还是不能获得那种安全感。因为在你的内心深处，始终有超过一半的期待是寄托在对方身上的，情感、物质、人生价值等各个方面，你都需要对方来满足，来认同，而且这种满足和认同要随时都能得到。这是一种苛求，所以这样的女性注定容易失望，然后感到挫败。

能真正解决这个问题的方式，是你学会从自己身上获得安全感，而自信是你从自己那里获得安全感的首要前提。正如一个满身技艺的人从不会为工作发愁，具有女性魅力的人从不会担心没有对象一样，真正自信的女人，哪怕看到了自己的伴侣和别的女人举止亲密，也仍会保持自己的理智，不会冲动之下就开始大吵大闹，因为她对他有信心，有足够的安全感，不会一开始就无端怀疑伴侣的品格。这种自信并不是要你拥有些什么，而是要你从心灵深处相信自己不比别人差，认为自己在恋人心中无可替代，这是自信的典型表现。

当然，我们所说的自信，并不是对那些浅显的、表面的、随时可被取代的肤浅的自信。就拿容貌来说吧，不管你如何漂亮，都会有更加妩媚的人存在，漂亮这种东西，实在太容易被别人所取代。而真正难以被取代的，是你对对方的理解，是你懂他的心思。这种理解和懂得，才是让他真正离不开你的原因。所以你的自信，应该表现在这些方面才对。

安全感还来源于对爱的相信和执着——哪怕经历过很多的黑暗和痛苦，也仍然相信爱和善良，并且愿意付出努力去争取和维护那些善良和美好。

安全感的另一个重要来源是学会发现美好。因为在这个世上，其实没有什么东西是能让人绝对相信的，也没有什么东西能给你绝对的保护，而要拥有安全感，就得学会从这些具有两面性的事物中，找到能让自己相信和欣赏的一面，忽略会给自己带来幻灭感的另一面。

从本质上来说，只有自己才永远不会背叛自己，所以安全感的最终来源都只能是自己。你要始终相信，它就在那里，不曾离去。

相信伴侣，就是相信自己，一切从自己做起！

相信爱情的存在，学会在婚姻中谈恋爱，可以让你在婚姻中享有浪漫一生的爱情和幸福。

——题记

4.相信爱情，学会在婚姻中谈恋爱

《梁山伯与祝英台》《西厢记》《孔雀东南飞》……这些中国古代凄美的爱情传说，不仅描述了爱情的美好，更诉说着爱情的坚贞，但在我们现实生活中，这样至死不渝的爱情似乎很少见。

在2012年的《人格与社会心理学杂志》这本权威杂志上，有一篇研究报告指出，在享受"浓烈爱情"的夫妻占比中，婚龄超过10年的为40%，超过30年的为35%到40%，这说明社会上还是有很多持续时间很长同时感情也深厚的爱情的。科学研究也表明，深厚的感情是有可能持续一生的。

虽然在现代社会，闪婚闪离的人越来越多，许多即使能成功度过"七年之痒"的夫妻也开始抱怨没有爱了，但这些都无法肯定地说明爱情不能持续一生。事实上，这和个人的做法有相当大的关系。

相信爱情的存在，学会在婚姻中谈恋爱，可以让你在婚姻中享有浪漫一生的爱情和幸福。

一位心理学研究者曾指出："想要知道如何保持长久的浓烈爱情吗？关键在于要科学地认识爱情。我们的大脑会将长久的充满激情的爱情作为一种以获得奖励为目标导向的行为。奖励包括压力和焦虑降低、安全感、平静的状态以及与另一个人成为同伴等。"

每个人走进婚姻，都有自己的理由。要想人生幸福，获得幸福的家庭，我们有两点必须做到：第一，我们要去选择一个适合自己的、好的婚姻；第二，一旦我们确定了婚姻关系，就要用心去经营，将自己的婚姻经营成高质量的好婚姻。

什么是高质量的婚姻？每个人的理解都不一样。婚姻的状态有很多种，比如现在很多家庭里面，夫妻双方都有各自的卧室，但是，只要双方觉得这能让自己感到放松、舒适，这就是高质量的婚姻。一个能让自己感到舒适的婚姻，那一定是幸福的婚姻，婚姻里的两个人，一定是互相喜爱的。

余秋雨是文化大家，在文化界很受人尊敬，而他的爱情小说也同样引人入胜，感人至深，他对于爱情持有这样的观点："爱情要信欣赏能把对方变好！"

余秋雨的爱情小说是为他妻子所写，读者可以很明显地感觉到书中人物的感情纠葛，就是余秋雨和妻子的感情模样。这本小说讲述的故事是悲剧的也是美好的。余秋雨说："这部作品，可以看成我们夫妻在绝境中的悲剧性坚持。但故事还是美好的，甚至没有一个坏人、恶人。真正的艺术，永远不是自卫的剑戟。"这本书表现出余秋雨对于婚姻的积极乐观态度，而另一个主线就是：爱情，如果你相信，它就会一直存在！

余秋雨说："你的另一半是你自己选择的，你有可能朝着他丢垃圾，你有可能把不好的东西推向他，你向他吐痰，你把不好的东西都扔给他，结果他真的成为一堆垃圾，同时你也成为一堆垃圾，这是相互的。你如果欣赏他，爱惜他，他就变得光亮，他就变得美丽，他就变成一个很好的风景，这种互相的欣赏会造成一种非常优秀的夫妻关系。"言下之意就是，夫妻之间虽然有矛盾且不可避免，但是相互理解是能够解决问题的，相互欣赏则是让爱情保鲜的最好办法之一。如果双方互相指责对方不理解自己，那闹起来就没有尽头了。

其实，他阐述的是如何保持婚姻生活中的爱情。爱情，可以一直存在于婚姻生活中，你要懂得信任和欣赏！当下很多人的婚姻都失败了，是因为在婚姻中遗失了爱情，遗失了那种当初最美好、最甜蜜的东西，一旦失去，婚姻也无法继续维系。

都说婚姻是爱情的坟墓，这是婚姻的错吗？当然不，是人们对婚姻的观念错了。好像结婚了，尘埃落定了，就不需要用心去对待伴侣了。很多人把婚姻看作是爱情的结果，所以在结了婚之后，就不再重视爱情的发展，把婚姻当成两个人爱情长跑的终点。

然而，爱情长跑应该是一辈子的事，婚姻应该是一个里程碑式的节点，而不是终点。一旦在结婚之后，双方停止了对伴侣的欣赏和对爱情的追求，爱情也就会随之消失。最好的婚姻模式应该是在婚姻中始终保持爱情的未完成状态，双方让这段关系始终保持一定的张力，进而让爱情始终保持活力，而不是因为已经占有就开始不重视。

复旦名师、复旦哲学系博士陈果老师有一段名言："好的爱情，不是互相占有，而是共同成长。长久的爱情，就是要一次又一次地爱上同一个人。"一次又一次地发现对方的优点，不断地爱上对方，才能保鲜爱情，是爱情长青最好的养料。这就要求我们不断提升自我。其实，很多婚后不相信爱情的人是陷入了思想的误区，不是爱情不存在，"爱"和"情"一直都在，这是组成婚姻、让两个人生活在一起的基础条件，只是表现形式变了，它不再是以浪漫的形式来表现，觉得爱情不在的婚姻，只是因为爱情缺少了浪漫的表现形式而已。

婚姻中的爱情应该或者能够是什么样的？首先，肯定不是《泰坦尼克号》那样唯美的邂逅、一见钟情、生死相依……因为，浪漫源自新奇，而新奇需要的是陌生感、距离感。再说，我们也不可能始终保持激情四射的"为伊消得人憔悴"的状态。

激情源自我们大脑产生的一种物质——多巴胺，但这种多巴胺不可能一直持续产生，所以，我们不可能永远保持热恋的状态。随着婚姻时间的增加，多巴胺也在减少，一切都将归于平淡。靠激情建立的婚姻关系，正如同在松散的沙丘上修筑房屋，肯定是不牢固的。

既然不能靠激情去经营婚姻，那还有没有相对比较牢固的婚姻模式呢？有的。除了那种激情、唯美的浪漫式爱情，我们还可以有细水长流的亲情式的爱情。浪漫的表达转为细心的呵护、温暖的守候，天冷时加衣的嘱咐，饿了时的一份热饭，累了时的一份依靠。这，其实就是你的爱情！这就是爱情最本质、最深刻的表达！爱情，在你的婚姻生活中一直存在！

那到底要怎样将爱情中的浪漫转化成婚姻生活的幸福甜蜜呢？

第一，相信爱情，你就会一直保持对伴侣始终如一的感觉。如果你相信爱情，相信他依然是爱你的，你就会不自觉地对对方有积极的、正面的情愫，甚至不论对方做什么都觉得对方是美好的，温暖的，无形中保持了一种"盲目"的爱，但这种盲目却是积极的，释放正能量的，有利于婚姻经营。日内瓦大学的研究人员在研究整理了近500份的研究报告之后，只找到唯一一点能够在婚姻中保持长久浪漫的爱情的线索，那就是："始终对伴侣保持一种积极幻想的能力，始终觉得对方就是好看的、聪明的、有趣的、温柔的……即使随着时间的推移，和对方在一起也始终会很快乐。"

第二，相信爱情，有利于保持婚姻生活的美好与激情。很多人慨叹岁月无情，认为再娇嫩的容颜，再动人的爱情，都终会随时间消失，会在岁月的洪流中，被冲刷得体无完肤，再无一丝一毫的美丽—— 一生一世的爱情，只存在于童话故事里。然而总是会有人一直对我们演绎着这样的童话故事，告诉我们爱情在婚姻中也可以从不离去，只不过会换个方式表现出来。

爱情最后都会落到柴米油盐的世俗中去，那些谈恋爱时的美好和浪漫，或许会被生活的烦琐和磨难所掩盖，渐渐很少再能回忆得起来。但是，这个时候的爱人，会慢慢变成彼此依恋的亲人，虽然没有了谈恋爱的激情，却多了家庭的温馨和安稳。这个时候，爱情其实并没有离你而去，只不过不再从放肆的拥抱和亲吻中表现出来，而是从倚门而望的等待和桌上温热的饭菜中透露出来。许多年之后，蓦然回首，发现那个说要爱你一辈子的人，还在你的身边默默守护，这何尝不是人生最美的画面呢？你懂得并相信他，爱就一直存在。

第三，相信爱情，在婚姻中寻找到稳定感和安全感。因为成长过往的原因，很多人内在缺乏爱、缺乏温暖，在恋爱和寻找配偶的过程中，反而会找到一个父母身上某种特质的"替代型"或"补偿型"的人，如有些女孩专门找年纪大的"成熟男人"，往往是因为童年里"父爱"的缺乏。但是，当讲入婚姻，当最初的激情退去，伴侣曾经在你心中戴的那些"面具"——一卸下，一个真实的他展示在你面前，你不禁会问："怎么会这样？我当时怎么会爱上这样的人？他变了吗？还是当时的选择是错误的？"其实，爱情一直没有变，伴侣也一直是这样，改变的是你内在的感觉。如果你坚定地相信爱情一直存在，对于婚姻，你也会一直有种踏实的稳定感和安全感。

所以，作为婚姻最基本、最重要的部分——爱情，是一定存在的，但它不是恒定不变的，"爱情如掌心沙"，如不珍惜，不懂得经营，它是会流逝的。你会改变，对方也会改变，相处的方式会改变，表达爱的形式自然也会改变。这个世界，不存在一劳永逸，爱情与婚姻也是如此，千万别有"大功告成"的想法。他在进步，那么你也要进步，你要变得跟他一样优秀，你们要共同成长。你要明白，踏入婚姻，爱情远远没有完成，要永不停歇地追逐对方的步伐，永远把对方看作是要重新追求的独立对象，这样的婚姻实际上才会更加牢固。

因此，学会相信爱情，因为爱情一直都在；学会在婚姻里谈恋爱，永远保持追求者的心态，婚姻就会一直都很美！

我们与他人有共同点，但也有自己独一无二的特性，所以，把自己与他人作比较，是毫无意义地用别人的标准来做自我评判，然后再进行自我否定与惩罚。

——题记

5.当你开始爱自己

人与人之间有许多相似之处，但不同的人也有不同的特点，每个人存在的意义和价值也各不相同。

不仅在社会关系中如此，在家庭婚姻关系中也是如此。

根据亲密关系的相关研究，只有对自己的价值具有清醒认识和十足自信的人，才能避免在一段关系中成为另一半的附属品，甚至为从对方那里证明自己的价值而把自己变成另外一个人。

这种自信能让人感到安心，而这个人在婚姻关系中的幸福指数也相对而言会比一般人高出20%。

当你爱自己，相信自己的价值，幸福也正在靠近你。

只有充分了解和信任自己的价值，才能在婚姻关系中活出自我，才能在婚姻中拥有较高的幸福感。

纵观身边很多婚姻失败的案例，会发现这些人都有一个共同的特点，就是不清楚自己的价值在哪里，总是要从对方那里寻找自己的价值。

如果找到了还好，但往往是找不到的，这个时候就会恼羞成怒，把怨气发泄在对方身上，双方都会觉得疲惫不堪，于是矛盾和问题也随之出现。

这些都是源于"你不知道也不相信自己价值的存在，所以才一直付出"这种模式。

我们经常会听到这样的声音：

"我为你做了这么多，你都没感觉到吗？你又为了我做了些什么呢？"

"我已经做到这个地步了，你还要我怎样做你才满意？"

"我虽然对你付出，但这并不是我的义务啊，你是不是应该对我表示一点点谢意？"

在一段关系中，我们往往害怕付出得不到回报，恐惧自己的价值无法得到体现，所以总想要对方也对自己付出，以此来证明自身的价值，但又害怕自己显得斤斤计较不够大度，这样最终会慢慢导致感情的失衡。

如果一个人在寻找自身价值时遭遇失败，便会用付出来交换价值；如果一个人不信任自己的价值所在，便会索取肯定和信任来获得价值。

在婚姻关系中，一定要相信自己拥有价值。相信与不相信，能演绎出自信与自卑两种完全不同的状态：

"当自我感觉良好、自我欣赏时，我就极有可能以一种高贵、真诚、勇敢的姿态，充满活力和爱心地来应对生活。"这是一种充满自我认同时的精神状态。

而如果你不断地贬低、限制自己，那么你的能量气场就会减弱，变得自卑而懦弱，成为爱情与生活的失败者。"如果我不喜欢自己，就会贬低自己、惩罚自己。对于生活，我总是感觉恐惧，觉得自己无能，从而形成了一种状态：以受害者自居，不思进取。我盲目地责怪自己，同时加罪于他人，一会儿屈从一会儿暴虐，将自己的过错推卸给他人。"

与此相伴的心理状态就是他会觉得自己一文不值，总是感觉自己会被拒绝，缺乏远见，这种状态就是自卑。

内心不自信的人，需要不断地从他人那里获得认同与肯定，比如伴侣与孩子。而获得这种肯定与认同的方式就是操纵别人，以此来证明自己。

但谁愿意被操纵呢？

所以，这样做的后果往往事与愿违，家人与自己都会受到伤害，整个家庭也会充满负能量。

如果一个人不爱自己、不信自己，通常他也不知道怎么信任和接纳别人，更不要说爱别人。只有对自己足够自信，才能对别人也给予充分的信任。

自信和自私是不一样的。认可自我价值的重要表现之一，就是相信自己，爱自己，因为我们只有懂得爱自己，珍惜自己，才会有能力爱他人，关心他人。

如果我们连自己都不信任，不爱，那么怎么可能去真正欣赏他人的成就与优点呢？对于别人的成就，我们只会既自卑又嫉妒，这样的心态，摧毁的不仅是人际关系，更是我们自己的幸福人生。

举止得当、进退有度的人会受欢迎。拥有较好的人际关系，其实是因为他们相信自己。

为什么我们要做自信的人？

因为自信可以让我们更快乐，更有效率，我们就能把精力放在更有意义的事情上，我们就能成为一个淡定优雅、举止得体、有效率且负责任的受欢迎的人。

当一个人拥有足够的自信心，他就敢于面对挑战，如果失败了，也有勇气改变自己的行为。他们严于律己，而对别人更多的是宽容与理解。因为有足够的自信，他对世界、对他人的要求就依赖越少，当他越相信自己和他人，就越愿意付出爱。

对世界多一份爱，就会少一些抱怨与恐惧；多一点沟通，就会增加一份了解，了解得越多，自己与他人、与这个世界的沟通就变得更容易。

由此，自信可以帮你摆脱孤独，摆脱那个内在的小孩，让你找到幸福婚姻的所在！

也许有人会问：我这么平庸，我也有独特的价值吗？

我想说：我们每个人都有指纹，每个人的指纹都是特有的，独一无二的。

在这个世界上，你不可能找到第二个乔布斯，同样，你也不可能找到一个跟你完全相同的人，所以，请欣赏自己的独特性，相信自己的独一无二，将与众不同视为理所当然，确定自己独特的人生价值。

我们与他人有共同点，但也有自己独一无二的特性，所以，把自己与他人作比较，是毫无意义地用别人的标准来做自我评判，然后再进行自我否定与惩罚。体现在婚姻关系中，就是去不断地索求、不断地控制。

每个人的特质需要我们自己主动去研究和探索，重视我们自己所具有的独特性，并做出积极的回应。

一个生命的个体就像是一粒种子，在播种的时候都是一样的，但是发芽之后，就各有各的需要，各有各的样子了。

我们要做的，就是了解自己这颗种子的需要，它现在的特点，未来的它可能会是什么样子，自己对自身要有清醒的认识。很多人婚姻失败是因为还没走出自己成长过程中所形成的自卑的阴影，但如果你真正开始正视自身，任何时候你都可以重塑自我价值。

自我的觉醒，就包括认识并承认自己的自卑，并愿意为之付出努力去改变，这样做，我们的自我价值就能达到非常高的高度。

当然，任何事情都不可能一蹴而就，实现自我价值，也需要遵循规律，不仅要有探索新事物的勇气，更需要给自己更多的耐心和宽容。

当我们愿意做出这些努力时，就意味着我们拥有了通过不断认识自己价值而释放自身巨大能量的可能。

很多人觉得，跟自己产生爱并踏入婚姻的人，一定是跟自己相似的；"有相似的看法，比较容易沟通，我认为是对的，他肯定也这样认为，不会吵架"。这种观点恰恰是错误的。如果我们持有这样的观点，我们在亲密关系中将无法拥有完整感。

所以，婚姻是因为共同点走在一起，但组建婚姻，又是以个人的不同为基础而共同获得成长，这是我一贯的主张。这种不同就是属于自己的独特价值，而你要做的，是要深刻地相信这种价值的所在。

我们每个人汲取能量的方式都是不同的。我们无法选择父母遗传给我们的一切，但这并不重要，重要的是，我们会用什么心态与方式去处理这笔"人生财富"，我们的选择，决定了我们拥有的人生是否幸福。

在婚姻中，懂得自己的价值的人，会对自己有充分的信任，然后也能充分地信任对方，这样就不会强迫自己削足适履，就可以永远保持自己的本心，在任何情况下都能对他人具有吸引力。

如果双方都能做到这一点，婚姻关系不仅会变得牢固，而且因为两人都有自己的独立思想，且双方不断成长，婚姻会长久地保持新鲜感，不会让人轻易生厌。懂得自己价值的人，才算是拥有了爱人的能力，进而才能从和谐的婚姻关系中感受到爱的美妙和喜悦。

所以，爱自己、信自己，是爱伴侣、信伴侣的坚实基础，更是打造幸福婚姻最重要的法宝。